～2023年版～

日本子ども文詩集

日本作文の会 編

この本を読まれるみなさんへ

この本は、１９５９年からとぎれることなく毎年発行されてきた年刊文詩集です。今年で64集となりました。

この『日本子ども文詩集』には、全国の小学生・中学生・青年のみなさんの日記や作文、詩がのっています。

ある日ある時に学校であったことや家の中であったことが、素直な気持ちで書かれている『文詩集』です。

一人一人の友だちが、したこと・見たこと・聞いたことの中から、自分の心にふれたものを正直に書き表しています。作品を読んでみると、「へえー、こんなことがあったの。」「わたしも同じ気持ちだ。」と感じるかもしれません。たくさんの友だちの作品を読むということは、その友だち考えや生活を読み取ることにつながります。この『文詩集』には、全国の友だちのたくさんの宝物がつまっています。どうか、クラスの友だちやお家の方といっしょに読み合って宝物を発見してください。そして、あなた自身もありのままに自分の思いを日記や作文・詩に書いて見ませんか。また、あなたの絵やイラストも送ってください。心よりお待ちしています。

『日本子ども文詩集』編集委員会

2023年版 日本子ども文詩集

作文と教育 12月特別号 No.908

◎小学二年生

◎小学三年生

◎小学四年生

＊この文詩集に掲載している児童生徒の作品は、特別な場合を除いてすべて原文のままです。なお、本文中の作者・指導者の敬称を略させていただきました。

特集

今を生きる子どもたち

10月に文科省が「児童生徒の問題行動・不登校調査」（2022年度）を公表しました。調査によれば、不登校の小中学生は過去最多の約29万9千人。前年度比22・1％の大幅増となりました。うち学校内外の専門機関に相談していない児童生徒も過去最多の約11万4千人でした。いじめは小中高などで約68万2千件が認知され、被害が深刻な「重大事態」は923件。いずれも過去最多でした。調査から「今を生きる子どもたち」の不安や辛さ、悲しみや苛立ちなどを考えました。そして、一人ひとりの気持ちや生活をどれだけ分かっているのか、という課題にぶつかります。

本特集は、『今を生きる子どもたち』をテーマに作品を集めました。そして、「これが好き・楽しみ」「生きているっていいね」「明日に向かって」の3つの柱を立てました。現代の子どもたちが、何に興味や関心を持ち、何を支えに毎日を送り、そして今抱えている疑問や考えは何かをありのままに書き綴っています。今を生きる子どもたちの姿、子どもの世界を読み取ってみてください。

作品には、朝、Jアラートが鳴って、学校に着くとカーテンを閉め机の下に避難していて、「いつもと違う緊張感」を書いているもの、海のごみを拾うイベントに参加し、「あまりのごみの多さ」から「いつか本当にごみが魚の重量を上回ってしまうかも」と驚き、不安になったものなどもあります。子どもたちの作品は、学校や社会が、本当に一人ひとりの命を大切にし、「最善の利益」を考えたものとなっているのかを問います。

これが好き・楽しみ

子どもの世界には、いつの時代にも「好き」を楽しむ遊びや流行物があったし、今はそんな楽しみを子どもたちは「推し」「萌え」と表現します。

一心てい

青森県五所川原市立三好小学校二年
木村　璃愛

今日は、ずっと楽しみにしていた一心ていに、パパのお姉ちゃんをさそっていきました。まず、

「にかいのテーブルがあいていないので、いすでよろしいでしょうか。」

と、てんいんさんが言いました。

「はい。」

と、みんなは言いました。

「こちらになります。」

と、てんいんさんが言いました。せきについてからわたしはすぐに、元気ポテト・元気おにぎり・リンゴジュースをたのみました。みんなが、

「たのむの早いね。」

と言いました。五分たってから、たのんでいたものがとどきました。さらに十分後、お肉もすべてきました。お肉をやきました。パパが、

「これやわらかいけど食べる。」

と聞いてきたので、

「食べる。」

と、わたしは言いました。つぎつぎどんどんやきました。おいしかったです。元気ポテトも元気おにぎりも食べちゃったけど、まだまだ入るので、ライス(小)をたのみました。あっというまに半分なくなりました。今日はとくべつに、デザートを三つたのみました。一つ目は、シェイク（チョコレート）、二つ目は、チョコティラミスアイス、三つ目は、いちごひめです。ぜんぶおいしかったです。一番おいしかったのは、牛カルビで、二番目はチョコティラミスアイスで、三番はチョレギサラダで、四番はシェイク（チョコレート）で、さい後は、元気おにぎりです。スタンプをためて景品をゲットしたいので、また今ど行きたいです。

〈指導〉木村　洋子

リップスティックにのれた

愛知県幸田町立豊坂小学校三年
平岩　翼

夏休みのはじめに
リップスティックに乗ってみた
リップスティックは
きょ年のクリスマスにもらった

そのときはうれしくて
乗りつづけていた
乗れるようになっていたのに
今はまったくできなかった
むずかしいな
あまりにも乗れなかった

お母さんに聞いた
「後ろ足を動かすといいよ。」
と教えてもらって少し上手になった
お父さんからも
「こしを動かして前足を動かすといいよ。」
と教えてもらった
言ったとおりにやると
また上手になった

ぼくはお父さんとお母さんに言われたとおり
ずっと練習をした
すると
またまた上手になった

お兄ちゃんも乗れていたので
ぼくも早く上手くなりたい
と思った
一週間に二回くらい
お昼ごはんの後に二時間練習をした

夏休みのさい後に
たくさん練習した
言われたことに気をつけて
たくさん練習した

そしたらすごく上手になった
庭も十しゅうできるようになった
ぼくは
めちゃくちゃ上手になっている
とおどろいた

すぐにお母さんに見せた
お母さんは
「すごいね。」
「すごく上手になっているね。」
とほめてくれた
うれしい気持ちになった

ぼくは夏休みで
リップスティックを一からできるように
なった

でもぼくはまだ練習をしている
もっと上手になりたい
今の目ひょうは
庭を二十しゅうすることだ

『村の子』

わたしってすごいな

高知県土佐市立高岡第一小学校三年
橋田　悠愛

「おはよう。」
六時半に起きた
だけど、ねむたくはなかった
一つ楽しみなことがあった
ダンスの発表会だ
いしょうに着がえて、びよう室に行った
かみの家をくくってもらい
メイクをしてもらった
会場に着くと、パパが
「がんばりよ。」
と言ってくれた
本番になった
ステージの上に立つと、
すごくドキドキした
まちがえませんように
とおいのりした
まちがえんようにおどれた
やったー
次はもっと練習してうまくなろう

〈指導〉小濱　みほ

友達と遊んだ

宮城県仙台市立鹿野小学校四年
田口　碧生

ぼくは水曜日、学校が四時間だったので四年一組の山口たかひろ君という子とその子の家で遊ぶ予定でした。ぼくは家に帰ろうとしていたら、たかひろ君が、

「碧生、ゆうきとゆらも来ることになった。」

と言ってくれました。それから、ぼくが、

「OK。山口の家の前で待ち合わせね。」

と言いました。

家に着いて、たかひろ君の家に行く準備をしました。リュックの中には、ゲーム、ゲームのソフト、おかしを入れて、手にはお茶を持ってたかひろ君の家に走って向かいました。それから、学校の近くにあるおしボタンの信号をわたったところでゆうき君に会いました。そしてたかひろ君の家の前に着いたら、たかひろ君が立っていました。そうしたら、たかひろ君が、

「よくぞ来た。そういえば、おれの家で遊べなくなった。」

と言いました。そしたらぼくが、

「なんで。」

と言ったらたかひろ君が、

「ぼくのお母さんがマンションだから、さすがに四人はうるさくなるからだめだよ。」

と言ったので、全員で、

「オーマイガー！」

とそろって言いました。

ぼくたちは、家で遊ぶのをあきらめて、鹿野公園で遊ぶことにしました。鹿野公園に着いたら、白夜君、隆真君に会いました。それから荷物を置いて、みんなでかわり鬼をしました。すごく楽しかったです。

次に、たかひろ君とブランコでどっちが高くこげるか勝負をしました。二回やったら一対一で同点でした。そうしたらたかひろ君が、

「碧生、いい勝負だったな。」

と言いました。ぼくは、

「そうだね。」

と言いました。ぼくは、心の中で、

（今度はぜったい勝ってやる！）

と思いました。ぼくは鹿野公園で遊ぶのが楽しかったので、みんなと遊べてよかったなと思いました。

〈指導〉千葉　早苗

「summer dream」私のゆめ

神奈川県藤沢市立長後小学校四年
見城　梨奈

みなさん、「ＴＵＢＥ」（チューブ）と聞いて何が頭に思いうかびますか？

からしやわさびのチューブとか、ホースなどゴムでできたチューブとかが多いと思いますが、私は絶対ちがいます。

物ではなく、歌手グループの「ＴＵＢＥ」です。四人の男せいグループで、今流行しているようなダンスグループやアイドルグループではなく、自分が生まれるずっと前からあるグループです。一人のボーカルと、ギター・キーボード、ベース、ドラムスの四人からなる音楽バンドで、なんと‼神奈川県出身なのです。同じ神奈川県出身でうれしいです。

なぜ年がはなれたＴＵＢＥを好きになったかというと、三さいくらいの時に、おばあちゃんがリハビリのために、家にしばらくとまっていた時がありました。その時に、おばあちゃんのねている部屋に遊びに行ったらＴＵＢＥのＤＶＤを見ていました。海に夕日がかかっていて、海に足首までつかりながら、「サマードリーム」という曲を歌っていました。

「♪summer dream 光る波をバックに～」

というような、海の中ですき通るくらいのさわやかなメロディーで、たんさんの中で、はじけているようなリズムで、軽やかな気分になる歌声です。ボーカルは、前田さんといいます。この曲をきいたしゅんかんから、むねに矢がささったかのように、いっしゅんでＴＵＢＥのことが、大好きになりました
このＴＵＢＥの好きな所は、曲をきいたら夏が来たなとか、夏の気分になるなと思うからです。

なぜＴＵＢＥが夏だなと思うかというと、

曲や題名に、夏を感じる言葉がたくさんつまっているからです。たとえば、「太陽」は、夏の熱い中、キラキラ光かがやく日ざしを思いうかべたり、「海」は、太陽の熱い日ざしが海にうつってキラキラと反しゃする所、「Hot」は、熱い夏、「祭り」は、屋台や花火など夏の楽しい時間を思いうかべると、自分も曲の中に入りたくなってウキウキします。リズムもさわやかで、海に今すぐ入りたくなるようなメロディをたくさん感じるからです。

　昼間に曲を聞くと、夜にゆめの中でTUBEの世界に入ることができます。だから、ずっと「まだ夜にならないかな。」と、ウキウキしてまっています。「お楽しみの夜だ!!その世界へレッツゴー。」と楽しみにねむりにつきます。ゆめの中で、ライブを見に行ったり、あく手をしたり、とてもまん足です。一緒に歌ったり、一緒にがっきをひいたりする日もあります。いつもこのゆめを見ると楽しい気分になって、次の日の朝、気持ちよく起きられます。

　麦茶のCMで曲が流れた時は、すぐに分かって、ジャンプしてよろこびました。

　車に乗った時は、毎回曲をききたいというので、パパはいやがるけれど、私は負けずに言いつづけます。それぐらい大好きです。

　今回作文に書いた理由は、TUBEを少しでも知ってほしかったからです。曲を聞くと、元気になり、体のおくから力がわいてきて、「がんばるぞ」という気持ちになります。だから、朝、私は鼻歌を歌いながら、ノリノリで登校しています。歩いている人に、ふり返られることもあります。「一人じゃなくて、みんなで歌えたら楽しいのになぁ…」と思います。

　私のゆめは友達と一緒に「TUBEいいよね!!」とか「いい曲だよね!!」と話すことです。

　みなさん、よかったらTUBEの曲を、聞いて元気になって楽しい時間をすごしてください!!

　私はこれからもずっとTUBEのことが大好き――――です!!

『わかふじ』

やらかしちゃった

青森県弘前市立北小学校四年
中村　皆晴

　うわあ、やらかしちゃった。ぼくは、いっしゅんで天国から地ごくに落ちてしまいました。

「ただいま。」

　いきおいよくげん関のドアを開けると、目の前に父がにこにこして立っていました。そうか、今日はお父さん休みだったんだ。でも、いつもだったら、休みでもこうして立ってることはない。もしかしたら、ぼく、何かやらかしちゃったかなと思い、おそるおそる、

「どうしたの。」

と聞きました。すると、いきなり、

「はい。」

と言って、後ろにかくしていた物をさし出しました。それは、その日発売のゲーム機でした。ずっとほしかった物でした。うれしくて飛び上がりたい気持ちでした。でも、たん生日でもないのに、こうしてほしい物を買ってくれるなんておかしいと思い、

「なんで。」

と聞きました。すると、

「いつもお手伝いがんばっていて助かっているから、ごほうびとして買ってあげたんだよ。」

と教えてくれました。ようやくほっとしました。ぼくはすぐに箱から取り出し、テレビにつないで遊びました。やっぱり思っていた通

りすごいゲーム機でした。

あっという間にゲームの時間が終わってしまいました。ぼくの家では、夜九時になれば家族全員ねることになっています。ですから、今日はもうゲームはできません。どうすればもっとできるか、夕食中も入浴中もそのことばかり考えていました。その時です。急に神がまいおりてきました。よしこれだ、これしかないという、とっておきの方法を思いつきました。そして、さっそく作戦を開始しました。

「おやすみなさい。」

家族みんなしん室に入ってねました。ぼくは、ねたふりです。動かないように、じっとしていました。二十分くらいすると、みんなのね息が聞こえてきました。今だと思い、物音をひそませて、しん室から出ました。そして、テレビとゲーム機のスイッチを入れ、ようやく楽しみにしていた時間が始まりました。となりでは家族がねむっているので、音が聞こえたらたいへんです。テレビの音を小さくしようとしたその時です。まちがって大きくしてしまいました。あわてて音を小さくしましたが、すでに間に合いませんでした。気がついたときには、ぼくのすぐ側に母が立っていました。

「何やってるの。」

と、大きな声でどなられてしまいました。やらかしちゃった。ぼくは何も言い返す言葉もなく、動くこともできませんでした。

「今日からゲームきんし。早くねなさい。」

と言われ、しまいには、ゲーム機を取り上げられてしまいました。ぼくは全身の力がぬけ、しん室に行ってねるのがやっとでした。

よく朝、おそるおそる、

「いつになったら返してくれるの。」

と、母に聞きました。すると、

「様子を見てから返します。」

と、きびしく言われました。あまりにもショックで、むつに住んでいる父の弟に電話をしました。父の弟なら、いい方法を考えてくれるかもしれないと思ったからです。ところが、大きな声で笑われ、アイディアの一つもくれませんでした。ぼくはぜったいにいい方法があるはずだと、真けんに考えました。ゲーム機を手に入れた日まで、記おくをもどして考えました。そうだ、ゲーム機を買ってもらうことができたのは、お手伝いをがんばったからなのだから、今までのようにお手伝いをがんばり通すことが、一番の近道だと考えました。でも、取り返すには、一か月はかかるだろうとかくごしました。

ぼくは第二の作戦を開始しました。妹や弟の面どうも、父や母の手伝いも進んでしました。特に、休みの日はもえました。手伝いができるチャンスがたくさんあるからです。妹のたん生日会には、周りを見ては、だれよりも先に手伝いをしました。かたづけが終わったころ、

「今日、どうだった。」

と、母にかくにんしました。すると、

「今日はよかったよ。様子を見て返そうかな」

と、待っていた言葉を言ってくれました。

「次はやらないでね。」

と言って、母はゲーム機を返してくれました。

本当にうれしかったです。今回のようなことはもう二度といやだと思いました。やるとしても、今度は、ぜったいにドジをしないようにしようと思います

『ひろさき』

図工のガリガリごま

奈良県奈良教育大学付属小学校四年
松村　迅

僕は図工の時間に、ガリガリごまというの

を作りました。作り方は、普通の木の棒を用意してそれをカッターで、地道に削っていきます。削る所は、大体6つくらいです。

　僕は最初の一つ目の所を削っていたら、ピクルスの匂いがしました。僕は、

「なんかピクルスの匂いがする。」

と言ったら、みんなが、

「しないけど。」

と言ったから、そうかな、と僕は思いました。僕はピクルスの匂いはしたけど、みんなにはしないのかな?と思いました。

　僕は二つ目の所を削っていたら、またピクルスの匂いがプンプンしました。僕は

「またピクルスの匂いするー。」

と言ったら、友だちのたにに

「まつはピクルスが大好きやな。」

と言われました。たしかに僕は、ピクルスが好きだけど……。結局二つ目の所しか削れませんでした。

　僕は次の図工の時、カッターが気になって、ちょっと力を入れて、カッターの切れる所をさわってみたら、人差し指が、ザクッ!って切れました。僕はそのとき、いたかったです。血がいっぱいでてきて、最悪でした。その後、僕はカッターとかの自分で考えた「刃物恐怖症」になりました。それで僕は、さわらなければよかった……と思いました。

　僕は指を切った時、みんなが

「どうしたん?」

ってみんなに言われて、僕は

「指切った。」

って言いました。そしたらみんなから

「まつ、大丈夫?」

って聞かれました。他には

「えっ。」

っていう子もいました。僕は

「ううん大丈夫。」

って答えました。それで僕は、二個目の場所の続きを削りました。

　木の削った所の凹みをなるべくつるつるにするのが難所でした。でも友だちの龍大は、すごいつるつるになっていました。みんなは、りょうのを見て、

「りょう削るのうまいな!」

って言っていました。僕もうまいなー、あんなにきれいに削れるのがうらやましいなーと思いました。そして二つ目と、三つ目を僕はピクルスとかの匂いがプンプンしながら、どんどん、どんどん、削っていきました。(ちょっと省略)

　僕は最後の一つの凹みにさしかかりました。僕はあと最後の一個だから頑張りました。そしてついに、木が全部削り終わったーって僕は喜びました。だが、まだ紙がありました。その紙は、いまつくっているのがガリガリごまだから、ガリガリすると回るこまだから、紙がまだありました。僕は、きれいな、黄緑と水色をぬりました。僕にしては、力作です。次はいよいよ最終段階に入った。それは、がびょうを紙と、さっきの木に上手くさすことです。僕は、一回目失敗したけど、何回も挑戦しつづけ、上手くさしこめました。僕は、最初えんぴつでガリガリするのかと思ったけど、えんぴつでやったら紙が落ちちゃいました。そしたら先生に手でやってみてと言われました。そしたら、クルクル回りました。うれしかったです。でも指はいたかったです。

〈指導〉加川　陽子

ありがとう聖刀

千葉県千葉市立松ヶ丘小学校五年
鈴木　海紗

今日は、BTSのダンスをおどろうとしていました。でも、一人でやってもあまり楽し

くありません。そこでいつもいっしょの聖刀とおどろうとしました。すると、聖刀はいっしょになっておどってくれました。

4年生のとき、じまん発表会があって、そこでも1年生一人で来て、いっしょにおどってくれました。終わったあとに聖刀は、

「楽しかった。」

と言ってくれました。私は言いました。

「ねぇ、本番やったら楽しかったでしょ。」

と。でも、私は心の中でこう言いました。「ありがとう、聖刀。」

お父さん、お母さんが帰ってきたら、そのことをたくさん話しました。おじいちゃん、おばあちゃんにも。そして、こう思いました。「じまんするものはダンスではなく、聖刀なんだ。」と。いっしょにおどったのは、とても楽しかったです。

〈指導〉近藤　孝

みるちゃんが一番

東京都町田市立山崎小学校六年
大河内　翔太

ねこカフェに行った
みんなかわいくておとなしい
幸せ・・・
ねこっていいな
家に帰ったら
みるちゃんがクンクン服をかいでいた
う、うわきなんて、してないよー

〈指導〉森　恵

日光の木刀

東京都町田市立木曽境川小学校六年
山中　ここみ

おみやげ屋さんで光っていたものがあった。
それが何かというと「木刀」だ！
かっこよくて
気分も上がっていたため買った。
ひと目ぼれだった。
お母さんにこの木刀を見せた瞬間、
かたまっていた。私が、
「これかっこよくない？」と言うと、
「なんで買った⁉」と言われた。
お父さんはずっとにやにやと笑っていた。
妹には、「いらな」と言われ、
私の心は折れた。
でも木刀が輝く日が来た。
キャンプで車に乗った時、
なぜか木刀が積まれていたのだ。
その横にはスイカが！
スイカ割りの時に使うと知り、心の中で、
「よかったな、木刀！」と言った。
だが、キャンプでは肉がおいしくて、
スイカわりはできなかった。
また使うときまで、さらばだ木刀。

〈指導〉新井　崇矩

高い壁

大阪府枚方市立樟葉南小学校六年
山下　ちはる

私は、たいこの達人が大好きです。たいこの達人をやろうと思った理由は、ゲームセンターでとても難しいおにレベルをすんなりとフルコンボ（全てたたけている）している、私より小さい男の子がいて、私は「あんなにたたけるってすごい。」と感動したからです。けど自分ができるようになるなんて考えてなかったし、けど、うらやましくて、けどなんだか悔しくて、負けず嫌いの私には、「いつかぜったいたたけるようになってやる。」と思っていました。けれど、私がやろうと思え

ばおにレベルなんて手も足も出ない、クリアすらできませんでした。たいこの達人のキャラクター、どんちゃんに「おや、次はもっとがんばるドン」なんて言われました。どんちゃんの周りには雨がふっていました。口をとんがらせたどんちゃんを見て、「私を見直してもらえるようにがんぱろう。」と思いました。そしてゲームセンターに行ったらたいこの達人をして、上達していこうと思いました。

　たいこの達人に気合いが入ってから一か月がたった頃にはスイッチでたいこの達人のカセットを買ってもらいました。その日から、毎日たいこの達人をするようになりました。

　毎日たいこの達人をするようになってから一か月たったときに、男の子がやっていたヨルシカさんの「だから僕は音楽を辞めた」という曲のおにレベルをやってみました。この曲をやる時にはまだむずかしいのレベルで練習していたけど、おにレベルで今の力を試してみたいと思いました。でも結果は手も足も出ず、前と同じでした。私には自分とあの男の子の間に高い高い壁がある気がします。それは私が何をしようと、もがいてものぼることのできない壁。努力をしても、結局は壁を登れないのだから努力をするほど自分が何をしているのか分からなくなるし、諦めたくなってしまう。

　けれどその壁をこえないと、次に進めないことに気づきました。もっと練習しようと思って練習していました。すると不可が二になりました。前までたたけなかったドンとカッの重なりもすんなりとたたけるようになったのです。その時は努力して良かったと思いました。そして何よりあの男の子にとても近づけたと思います。

　けれどこの曲よりもっと難しいのだってあるし、まだフルコンボはしていないからまだまだなんだなと思います。けれど、壁をのりこえれたすがすがしい気持ちを感じることができました。

　私はたいこの達人が大好きです。なぜかというと、自分の目標をこえれたとき、すごい達成感で、次の曲もたたけるようになろうという次の目標もたてれるので、上達できると思います。もっとたくさんのレベルでフルコンボして、上手になりたいです。

〈指導〉若松　栞奈

生きているっていいね

今日を明るく力強くまっすぐに生きている子どもたち。喜びや悲しみ、うれしさや怒りを抱えながら、多感に過ごす毎日があります。

わたしの入学しき

埼玉県所沢市立宮前小学校一年
橋内　志歩

きょうは　入学しきだ
でも　かぜで
入学しきには　いけなかった
ママが　おうちをかざって
くれた
入学しききぶんになった
うれしかった
ママがかざりのまえで
わたしのしゃしんを
とってくれた
それも　また
うれしかった

〈指導〉窪田　渚

七五三のしゃしん

高知県四万十市立下田小学校一年
和泉　ゆいこ

むらさきいろの　きものを　きた。
わたしの　すきないろ。
いすに　すわったり、
きもののすそを　もったり、
いろんなポーズを　とった。
まりを　なげたとき、
キャッチするのが　むずかしかった。
きんちょうしたけど、
とる人が　おもしろいことをした。
にんぎょうを　ふって
わらわしてくれた。
しゃしんが　おわって
きものや　おびを
なんまい　きているか
ぬぎながら　かぞえた。
わたしは　七まいとおもったけど、
十まいも　きていた。
びっくりした。
くるしかった。

『やまもも』

じゃんけんだっこ

北海道森町立森小学校一年
青山　さくら

二かいからおりてきたママにこういいました。

「ママ、いっしょにじゃんけんだっこをやろう。」

ママは、

「いいよ。」

といいました。

そして、ママにやりかたをおしえました。

「ママ、じゃんけんだっこはね、じゃんけんでかったら、だっこをされるほうなんだよ。そして、まけたら、だっこかハグするんだよ。」

ママは、

「へえ。」

といいました。

「じゃんけんだっこするよ。じゃんけん、ぽん。」

「わあ、まけた。」

わたしがいいました。

そして、ママとぎゅうをしました。

ママのからだがあったかかったです。

ママがハヤシライスをつくってたから、ハヤシライスのいいにおいがして、ママをたべたくなりました。

〈指導〉住吉　陽子

びっくりした

長野県長野市立吉田小学校二年
はまの　さくら

六月十九日、
パパのスマホからサイレンがなりました。
そのサイレンは、
「石川けんがじしんです」というサイレンです。
おうちのスマホが、
いっせいになって、びっくりしました。
長のじゃなくてよかったです。
けれど、石川けんの人たちが心ぱいです

〈指導〉伯耆原　純子

夜ごはん

東京都足立区立伊興小学校二年
篠崎　結佳

夜ごはんのとき、おもちをたべた。

三つめのおもちのときにはがぬけた。
ぐらぐらしていないのにぬけた。
さいしょは、
（おもちのたねかな。）
と思った。でも出してみたらはだった。

お母さんに
「はがぬけたの!?」
と言われた。わたしは
「うん。」
と言った。
ちはぜんぜんでていなかった。
今も八本目のはがぬけそうで
たべてしまわないか
ドキドキしています。

〈指導〉浅香　詠未

ねぶそく

大阪府貝塚市立二色小学校二年
岩崎　玲杏

妹のあづきがそつにゅうしました。そつにゅうとは、おっぱいとさようならすることです。

さいしょにママは、レモンじるをおっぱいにぬってみました。わたしとあんりのときは、それでうまくいっていたらしいのですが、あづきには、こうかがありませんでした。すっぱくなってもおっぱいをほしがるあづきと、ぜったいにあげないママとのたたかいでした。

その日は、あづきがずっとなきつづけて、ぜんぜんねむれなかったので、わたしもつぎの日、すごくねぶそくになりました。

つぎの日の夜は、きのうの夜よりもましでしたが、少ないのでやっぱりまたねぶそくになりました。

〈指導〉神崎　拓也

リモートじゅ業

東京都町田市立七国小学校四年
小川　れな

リモートでじゅ業受けた。
「うまくつながるかな。」
なんだかドキドキした。
先生や友達が画面にうつった。
四年一組の教室にみんながいる。
なんだか、ほっとした。
わたしだけリモートじゅ業で
特別感があったけど…
早く学校行きたいな。
早くみんなに会いたいな。

〈指導〉坂本　理恵

これ…でもいい？

北海道札幌市立西園小学校六年
和田　要

今日六月十八日、私の家の前で、ゆずき、りりあ、いりん、なお、かなめの五人であそびました。私は、遊んでいる時はずっと、心の中で
（はぁー。お母さんとお父さんに最後の運動会見てほしかった。全力走…。よさこい。全部最後だったのに…。何か、運動会見に来てる気分になってもらいたい…。）
と思って、みんなに
「ねー、よさこい踊ろ～！」
と言いました。するとみんな
「いいよ～。」
と言ってくれて、りりあにビデオを撮ってもらいました。そして撮り終わり、

（これじゃあ、はく力ないけど少しは運動会の気分になってほしい！）

と思い、お母さん、お父さんに見てもらいました。二人とも

「すご～い！　グランドで見たかったなあ～。」

と言ってくれました。

一人のせんじゅかんのん、タイミングバラバラのウェーブ。どれも、すごい！と言ってくれました。その時はすごくうれしかったです。

今年で最後の運動会。お母さんもお父さんもいない運動会だけど、私は前にお母さん、お父さんがいると思いながらおどろうと思いました！

〈指導〉桐山　牧子

パパと久しぶりの雪遊び

北海道岩見沢市立栗沢小学校六年
佐々木　花

「パパー雪遊びしよー。」

私はパパに断られると思いながらパパに言いました。そしたらパパは、

「良いぞー！」

と言ってくれて、私は、

「いいの！」

とすごく胸がワクワクしてきました。ここで改めて（気持ちってすごいな。）と思いました。WWうれしいだけで、こんなにもワクワクするんだなと思いました。

で、さっそく着るものを準備しました。スキーウェアーに手袋、ぼうしなどを準備してさっそく外へ出ました。

大きいそり出して、パパが雪かきして、積もった雪山を登りました。思ったより高くて登るのがものすごく大変でした。

そりは一瞬であきてしまい、次はフッカフッカの雪にとぶ遊びをしました。あの、高い雪山から、「ポーン」ととぼうとなって、やり始めました。まずは、危ないからパパからとびました。

「3，2，1……ズボッ。」

パパはズボッと雪の中に腰下がうまって、ものすごい笑顔で雪山の頂上にいる私の顔を見ました。もー、それは世界中の人を幸せにするような笑顔でした。その後、私もとんで、ズボッとなって、その次もいろんな場所からとんで、その日は最高の日になりました。

〈指導〉松村さくら

「頑張って」なんて言わないで

愛知県安城市立東山中学校一年
佐々木　美桜

「もっと頑張ってね。」

と、ピアノの先生から言われた。私は、

「はい。」

と、いつものように答える。その言葉は私を応援している言葉だと分かっている。でも、私はその言葉が嫌いだ。私はいつも頑張っているのに、その頑張りを認められていない気がして、とても悲しくなる。もう頑張れない。それでもピアノの発表会があるから頑張り続けないといけなかった。そう思うと、ピアノの先生の家のドアがとても重たく感じた。本当はピアノも、ピアノの先生も大好きだ。それなのに、楽しさや好きな気持ちもうすれ、先生の家に行く足どりも重くなった。

家にいても、テレビを見たりSNSで友達と会話をしたりして、ピアノと自分から向き合おうとはしなかった。いや、自分なりにピアノと向き合ってはいたけれど、それを母に認めてもらえなかった。

「練習が少なすぎでしょ。さすがにもう少しやらないと、発表会なんだから。」

と、いつも言われていた。私はもともと練習に集中できず、すぐ辞めてしまうのだ。それでも発表会前だから、遊びに行くのを我慢して練習時間を確保したり、できない部分を何回も練習したりと、いつもより練習の質を上げて頑張っていた。それもあって、自分は頑張っているのに何で伝わらないのか、自分は何をすればいいのか、長いトンネルの中で一人ぼっちになったような気持ちになった。

ある雨の日だった。どうせ頑張っても認められないという思いから、ピアノと向き合いたくない日が続いていた。少し休もうと思い、ＳＮＳで友達と話していたら、母に、

「いつまで休んでいるの。そればっかりやっていないで、練習したら。」

その言葉で私は耐えきれなくなって、本を読むふりをして自分の部屋に飛び込んだ。その瞬間にもうすべての思いがあふれ出て来た。休んでばっかりじゃないのに。何回練習しても、うまく弾けない。頑張ろうと思っていても、一人ではこれ以上頑張れない。私なりに精いっぱいやっているのに、なんで頑張りを認めてくれないの。なんでもっと頑張らないといけないの。いらいらする。ピアノを楽しんでねと言ったのは、お母さんなのに。

コップいっぱいになった水がとうとうあふれ出したように、母への思いがどんどん出てきた。

「頑張りたくない。もう頑張れないよ……。」

それは自分の心の叫びだったのかもしれない。窓の外では、真っ黒な雲から滝のような雨が降っていた。私の心の中もこの空のように暗くて悲しかった。雨が強まる中、私もこの雨のように思い切り涙を流せればどれだけ楽になれるだろうか。そう強く思った。

そんな日が続き、私はピアノを弾くことが辛くなった。もう自分の思いを母に伝えようと思った。私はいつも寝る前に少し母と会話をしながら寝ている。でも、最近はその時間もピアノの話をされる。

「明日は頑張ってね。」

頑張ってるよ。この言葉をいつも言うことが出来なかった。でも、変わろうと思った。このままでは、自分が辛くなるだけで、ピアノを楽しめないから。思いを伝えて向き合うんだ。私は、胸に手を置いた。速い鼓動が伝わってきた。

「今日も頑張ったよ。」

やっとこの一言が言えた。思っているだけでは伝わらない。母も私のために言ってくれているの。私の中に、伝えたい気持ちがどんどんあふれてきた。

「私は、ピアノが楽しいのと聞かれて、胸を張って『うん。』と答えられるように、楽しくピアノを続けたい。」

母にそう伝えた。すると、母ははっと驚いた様子で、少し考え込んでから言った。

「明日からまた一緒に練習のこと考えようね。」

暗いトンネルの出口が見えて来た気がした。一人じゃないと思えた。自分の思いを伝えて、母が受け入れてくれた。おやすみと部屋を出て行く母の背中に、

「ありがとう。」

そう小さくつぶやいた。

それから、母と話し合いながら練習を進めた。練習を減らしたわけではない。今までよりもこまめに休憩を入れて、より集中できるようにしたり、休日には時々出かけて、気分転換をしたりと、自分のペースで時間を調節しながら練習に励んだ。そうすると、練習もうまく進み、ピアノが楽しい、もっとやりたいという気持ちがあふれてきた。母と相談してよかった。自分の思いを伝えることができたから、ピアノに対する気持ちも変われた。

とてもすっきりとした気持ちだった。

発表会当日、私は緊張よりもステージで弾けることにワクワクしていた。しかし、リハーサルでうまく弾けず、少し不安になった。もうすぐ自分の番。うまく弾けるかな。練習を無駄にしたくない。私の名前がアナウンスされた。緊張のせいか毎年のように笑顔でステージに立てた気がしなかった。椅子に座って大きく深呼吸をする。ピアノに乗せた指は、ほんの少し震えていた。しかし、初めの音を弾いた途端、不安な気持ちが一気に吹き飛び、とても楽しくなった。グランドピアノのきれいな響き。ライトが自分だけに当たっている。会場のいちばん奥まで自分の音が飛んでいくようで、とても気持ちよく弾くことができた。弾き終わって礼をした後、観客席の眺めは最高だった。満足のいく演奏ができた。これは私が頑張った成果。そう思うことができた。母や父や先生にもたくさん褒めてもらった。今までで一番と言えるほどの壁にもぶつかって、それを乗り越えることができた私は、広い空をどこまでも飛んでいける気がした。母と一緒に。

今日も私はピアノを弾いている。

「もう練習終わりなの。」

と、母に言われた。

「ちょっと休憩してるだけ。」

と答える。母は、

「はいはい。」

と受け入れてくれる。今もピアノを楽しく続けられている。それは自分のペースでやることができているから。あのときの自分を変えられたから。大好きなピアノ、大好きな母と向き合うことができたから。今は「頑張って」という言葉も素直に受け入れられるようになった。長いトンネルを抜けた先には、まぶしい光で満ちた世界が広がっていた。そこには、笑顔で支えてくれる母もいる。私は、これからも自分のペースで楽しんで演奏し、大好きなピアノとずっと一緒にいたい。

〈指導〉荻窪　いづみ

明日に向かって

インターネット社会が到来し、「いのち・平和」への不安や環境問題の危機が身近になってきた2023年。「子どもの権利条約」が掲げる〝権利を持つ〟〝当事者として〟〝現在と未来〟に向けた子どもたちの発信力と行動力を励ましたい。

せんそう早く終われ

東京都私立桐朋小学校三年
板橋　翔大

テレビでウクライナの子どもたちが学校に行けず、地下で生活しているのを見た。

ぼくは今日、野球に行けた。学校にも毎日行けている。野球のコーチがよくわらう一年生に

「おまえのえ顔をプーチンが見て、せんそうをやめてくれないだろうか。」

と言った。

ウクライナの子どもたちが、何か悪いことをしたか？　ロシアの人たちも幸せか？　せんそうで死んじゃった人の家族も悲しい思いをしている。

ぼくにだってわかる。せんそうはだれもよろこんでいない。せんそうはこの世にひつようない。大人なのに、ぼくにでもわかるようなよくないこと、人を殺すということをなぜするのか。

話し合って、早くせんそうをやめてほしい。

〈指導〉武藤　あゆみ

ピンク色の半ズボン

神奈川県藤沢市立辻堂小学校五年
皆川　大成

この夏、ぼくは初めてピンク色の半ズボンを買った。それまでは、緑色のズボンや茶色のズボン、黒色のズボンなど、少し暗い色のズボンをよく買っていたけれど、初めてピンク色のズボンを買うことにした。

その訳は、ぼくに似合いそうな色だったし、今まで買ったことがない色で、友だちもはいていたからぼくも買ってみようかなと思ったからだ。

でも、ピンク色のズボンを買おうとした時、弟に

「ピンク色のズボンって女っぽくない。」

と言われた。ぼくはその時、確かにそうかもしれないと少し思った。なぜなら、ぼくの中ではピンク色というのは、女の子が好きな色で、かわいい色というイメージがあったからだ。でもぼくはピンク色のズボンを買った。

四年生の時、担任の先生がジェンダーについて話をしてくれたことがあった。その時ぼくは、男子だからこう、女子だからこう、などと決めつけるのではなく、自分の好きな色や物を選べばいいんだと思った。

もし四年生の時ジェンダーについての話を聞いていなかったら、弟にピンクって女っぽくない、と言われた時、もしかしたら買うのをやめていたかもしれない。でも、ピンク色は女子だけじゃなくて、別に男子だって身につけてもいいし、その色が好きならはずかしがることもないと知ったからぼくはピンクのズボンを買った。

この経験を通して、この先もしだれかに

「本当にこれでいいの。」

を聞かれても、まよわずはっきり言う。

「自分の好みだから。」

『わかふじ』

かみの毛切ったら

長野県小海町立小海小学校五年
秋場　はるか

かみの毛がじゃまでも
まだ切らない
夏になって暑くても
まだ切らない
頭があらいにくくても
まだまだ切らない
なにがなんでも
絶対に、切らない
もっとのびたら切るけれど、
ただ切るだけじゃないんだよ
切ったかみの毛
きふするの
びょう気の人に
きふするの
すごいでしょ

〈指導〉中島　めぐみ

知らなかった海の真実

愛知県半田町立荻谷小学校六年
稲吉　力哉

ぼくは、びっくりしました。その日見た海には、信じられないくらいたくさんのごみが落ちていたからです。

ぼくは、父の会社のイベントの潮干狩りに参加しました。そのイベントの中にSDGs体験がありました。SDGsは、学校で勉強したので興味がありました。SDGsには、十七の目標があります。ぼくが学校で調べ学習をしたのは「2・飢餓をゼロに」でしたが、クラスの友達が「14・海の豊かさを守ろう」

について発表したことを思い出しました。

そこで、ぼくは父に、

「今回の潮干狩りイベントは、どういうことをやるの。」

と聞いてみました。すると、父は、

「今回は、アサリやハマグリを採りながら、海に落ちているごみを拾うイベントだよ。」

と教えてくれました。気になったぼくは、「14・海の豊かさを守ろう」について調べてみました。

調べてみると、今海ではプラスチックごみのポイ捨ての多さが問題になっているようです。このまま対策をしなければ、いつか海に捨てられるプラスチックごみの量が、海に住むすべての魚の重量を上回ってしまうことが分かりました。それは、すごく恐ろしいことだと思いました。

今回の父の会社のイベントは、そんな海のごみを減らす第一歩として行う内容のものでした。そこでぼくは、たくさんのゴミを拾おうと思って参加しました。

イベントの会場では、アサリを入れるふくろと大きなゴミぶくろをわたされました。さすがに、こんなに大きなふくろに入れるほどゴミは落ちていないだろう……と思っていました。しかし、いざ参加してみると、砂浜にはおかしのごみ、ペットボトル、タイヤ、ビン、かん、その他にもいろいろな種類のごみが落ちていたり、流れついたりしていました。大きなゴミぶくろはすぐにいっぱいになり、あまりのごみの多さにぼくはおどろきをかくせませんでした。こんなにごみだらけだと、いつか本当にごみが魚の重量を上回ってしまうかもしれないと不安になりました。そして、とても悲しい気持ちになりました。

帰りの車で、ぼくは今日のことについて話しました。ぼくの家族も同じようにおどろいていました。そして、家に着いてから、もう一度調べることにしました。

今、世界中では、プラスチックごみ問題へのいろいろな対策がされていることを知りました。例えば、レジぶくろを減らすためにマイバックを使うことがあります。ぼくの母も、いつもマイバックを使っています。

他にも、食品トレーやストロー、おかしのふくろなどを紙の素材に変えていく取り組みがありました。そういえば、ぼくの好きなおかしも紙のふくろに変わっていたし、好きなジュース屋のストローもプラスチックから紙に変わっていることに気がつきました。

調べた中で、ぼくがいちばんしょうげき的だったことは、世界では毎年三億トン以上のプラスチックが生産されていて、そのプラスチックがごみになったときに、九割がリサイクルされずに地球のどこかにあるという事実です。

そのプラスチックごみは、簡単には自然分解されず、数百年以上も残り続けることになるそうです。実際に世界では、死んだ鳥や魚の中からプラスチックが出てくることがあるそうです。その写真を見たときは、ショックを受けました。

ぼくは、今回のイベントに参加するまで「14・海の豊かさを守ろう」について少ししか知らなかったけれど、興味を持ってもっと知ることができてよかったと、心から思いました。そして、身近に感じて、自分にもできることがあると分かりました。海に落ちていたごみの量はしょうげき的で驚きましたが、ぼくたち人間がやっていることだということのほうがショックでした。

ほくにできることは、みんなにこの現実を知ってもらうために、今回のような活動を広めていくことだと思います。そして、世界中からプラスチックを減らしていく取り組みに積極的に参加していきたいと思いました。それがぼくの大好きな海や海の生き物を守ることにつながるとわかりました。

『村の子』

オンライン

東京都港区立青山小学校六年
髙木　一成

会議に入った
誰もいない
あ、これ昨日の会議だ
今日の会議はどれだ
なんかくやしかった
明日は間違えないようにしよう

〈指導〉山根　大幹

平和ポスターの願い

高知県黒潮町立挙の川小学校六年
今西　遥斗

平和ポスターが完成した
黒板にはって遠目で見た
鳩の群れとたての虹が
くっきりと目立っている
たての虹はちょっと変かな
鳩が虹に向かって飛んでいるから
これでいい
言葉は「話し合おう！」
短くしてよかった
ウクライナとロシアの戦争
早く終わって欲しい
平和のために話し合ってほしい
ぼくの願いが伝わるといい

『やまもも』

戦争のない世界

青森県弘前市立致遠小学校六年
松下　隼侍

「ロシアがウクライナにミサイルを発しゃしました。」

朝、テレビを見ていると、そんなニュースが耳に入ってきました。ぼくは最初、何かだらないことをやっているなと、他人事のように思っていました。しかし、連日同じニュースが流れて、ついにはロシアからかく兵器という言葉が飛び出したときには、さすがにおどろきました。本格的に戦争が始まることが分かり、こわくなりました。兵器やミサイルは、かん単に人の命を奪うからです。

それからしばらくたって、朝ご飯を食べているときの出来事でした。

「ピリリリリリリリリリー。」

急にけい帯電話が大きな音で鳴り出しました。何が起きたのか分からず、ぼくはびっくりしました。その正体は、Ｊアラートでした。もう一回テレビを見ると、危険区域に青森県が入っていて、こわくなりました。

「北朝鮮が、ミサイルを発射したって。弘前に飛んでくるかもしれない。こわいね。」

と、母が言いました。いつもは、歩いて登校するのですが、その日は、安全を考りょして車で送ってもらいました。

学校に着くと、みんながカーテンを閉めて、机の下にひ難していました。教室は静まり返って、いつもの朝とは違うきん張感がありました。ミサイルは青森県の上空を通過し、ひ害はありませんでしたが、本当に落ちていたらと思うと、今でもこわくなります。平和な今の日本でも、戦争に巻きこまれる可能性があることを実感したしゅん間でした。

以前、ウクライナしんこうで落ちたミサイルの動画を見て、大きなひ害が出ていることを知っていたので、落ちなくて本当によかったと思いました。兵器はたった一つでも大きなえいきょうを与えることが分かりました。かつて、広島、長崎に落とされた原ばくのいりょくは、かべの厚さが一メートルもある病院が、ひとたまりもなく破かいされてしまうほどでした。そのほかにも多くの建物がこわされ、大切な命がたくさん失われました。

　さらには、放射線もきょういの一つです。放射線は有害であり、浴びると人体にえいきょうをおよぼします。ばく心地の近くで直接放射線を浴びた人は、ほとんど亡くなったほどです。この戦争の後日本は日本国憲法を作り、その第九条で「戦争の放き」「戦力を保持しない」「交戦権を認めない」という平和主義の原則を定めました。そのほかにも、非かく三原則（かくを持たない、作らない、持ちこませない）という日本政府の基本方針を作りました。戦争についていろいろなことを調べていくうちに、社会で学習した平和主義の考え方がよく理解できるようになってきました。そして日本は原ばくのひ害を受けた、ただ一つの国として、戦争をくり返さないという強い思いを持ち続けている国だということが分かってきました。

　原ばくを受けた広島には、原ばくドームという、原ばくの焼けあとに残った鉄骨のドームがあり、原ばくのおそろしさを伝えるために、今も保存されています。世界遺産にもなり世界中に知られています。このように、同じ間ちがいをくり返さないために、様々な活動をしているのに、ウクライナしんこうという悲劇がまた起きてしまいました。ロシアがウクライナをこうげきし、住民にたくさんのひ害が出ています。北朝鮮の動きも警かいしないといけません。もしかく兵器が使用されれば、落とされた国だけでなく、他の国にもひ害が及ぶかもしれません。日本に落とされたかくのひ害より、さらに広がるかもしれません。

　Ｊアラートのことがあってから、いろいろ考えているうちに、世界が今大変な危機をむかえていることが分かってきました。どうしたら、平和が守られるのかいろいろ考えましたが、ぼくには答えがわかりません。ただ、戦争を止めるのは武力ではないと思います。これ以上の戦争は、大切な命が失われるだけで、何のメリットもないです。こういう時だからこそ、兵器のはい絶運動に力を入れるべきだと思います。少しでもできることから始めて、少しずつ兵器の無い世界を作っていきたいです。兵器という存在は、人類のみならず、植物やその他の生き物にも大きなえいきょうをあたえます。世界に絶めつ危ぐ種は、現在約四万種類いると言われています。これらの動物たちが本当に絶めつしてしまうかもしれません。そして最悪の兵器であるかくばくだんは、火炎、ばく風、放射線、放射線を浴びたことによる後遺しょうなどさまざまなひ害を人体におよぼすうえに、かん境にも大きなひ害をもたらします。

　もう二度と、こんな戦争が起こらないでほしいと思います。戦争はメリットがなく、問題や課題、悲しみやいかりが残るだけです。人々がたがいを尊重し、助け合うことで平和な世界が作られると思います。ぼくに何ができるか分かりませんが、自分に関係ないと無関心にならず、世界のことにもっと目を向けていきたいと思います。そして、いつか争いのない平和な世界が作れるといいなと思います。

『ひろさき』

特集の作品を読んで

【一心てい】

楽しみにしていた外食の日。璃愛さんはお気に入りのメニューを注文し、デザートも三つたのみました。おいしかったものは「四つ」と、順番にメニューの名前をていねいに書いたことで、楽しかった食事の様子がわかります。

【リップステックに乗れた】

「リップスティック」はキャスターボードのスポーツ用具。上手になりたいと家族にコツを教えてもらいながら、上達していく平岩くん。乗れたうれしさと自信が、次の目標に向かって行く意欲を引き出します。今は庭を何周乗れているのかなと楽しみです。

【わたしってすごいな】

ダンス発表会当日のあったことしたことを順に思い出しながら、適格なことばを見つけ、詩のリズムにしてつないでありまず。まちがえないようにおどれたし自分をほめてあげたい。その喜びが題名の「わたしってすごいな」に表現されました。次の目標に向かってダンスの練習をがんばる悠愛さん。家族のみんなも応援していることでしょう。

【友だちと遊んだ】

放課後に遊ぶやくそくをして、待ち合わせの場所へと走っていく碧生くん。リュックもはずみます。ゲームはできなかったけれど、公園でかわり鬼やブランコをして楽しく遊んだこと。「みんなといっしょに遊べたこと」の喜びが伝わります。

【「summer dream」 私のゆめ】

おばあちゃんの部屋で見つけたDVD。TUBEの曲を聞くと、見城さんは元気をもらい軽やかな気分になり、夜は夢の世界へと誘われます。願いは「いいよね、いい曲だよね」と友だちと推しを話すこと。今ごろは好きを共有しあう友だちができたかな。

【やらかしちゃった】

お手伝いのごほうびにもらった、発売されたばかりのゲーム機に大喜びの中村くん。楽しい時間はあっという間に過ぎたけど（もっとやりたい）。「とっておきの方法」を考えましたが作戦は失敗、それが題名とつながります。ゲーム好きの人には「あったあった。こんなこと」と自分の経験とが重なる作品かもしれませんね。

【図工のガリガリごま】

松村くんは図工の時間にカッターでけがをしましたが、痛さをこらえながら最後の凹までけずり終えて「ガリガリごま」を仕上げました。完成するまでの作業中のできごとが会話も入れながら、順序よくていねいに書かれています。クルクル回るこまで遊んでいる松村くんの楽しそうな顔がうかびます。

【ありがとう聖刀】

ダンスが好きな鈴木さんの今の推しはBTS（韓国の7人組アイドルグループ）でしょうか。ダンスの楽しさはもちろん、それ以上に弟が一緒に踊ってくれたことがうれしかったよと、そんな海紗さんの気持ちや思いが家族との会話や題名から伝わります。

【みるちゃんが一番】

ねこカフェに行って「幸せ」を感じるねこ大好きの翔太くん。家に帰ったらクンクン服をかいできた飼いねこのみるちゃんに思わず出た一言が、「うわきなんてしてないよ！」。終わりの一行に声を出して笑ってしまいました。「みるちゃんが一番」これ以上の愛情表現はありません。

【日光の木刀】

修学旅行先で木刀にひと目ぼれした山中さん。「鬼滅の刃」の影響かな。買ってきた木刀を見た時のお母さん・おとうさん・妹のつぶやきと表情が的確に表現されていて楽しいです。この木刀をどこで使うのかに「スイカ割り」の発想とは、納得です。次にはワクワクしてきます。

【高い壁】

小さな男の子に負けたくないと「たいこの達人」へのチャレンジを決意した山下さん。練習を続けて一ヶ月たっても結果が出ない。題名の「高い壁」から、それでもあきらめなかった心情が伝わります。一つの目標を達成し壁を超えたときの「すがすがしい気持ち」が、次の目標に挑む心を育てます。

【わたしの入学しき】

楽しみにしていた入学式を病気で休んだ志歩さん。どんなにか残念だったことでしょう。お母さんの心づかいでおうちでの「入学式」になったけど、心に残る忘れられない思い出の一日となったことでしょう。

【七五三のしゃしん】

お店でいろんなポーズで記念写真をとった和泉さん。カメラマンの動作が楽しかったことがわかります。何枚着ていたのかを確かめたら10枚も。「びっくりした」「苦しかった」がぴったりの表現です。

【じゃんけんだっこ】

親子の素敵なふれ合いのしゅん間が生まれる「じゃんけんだっこ」。得意になってルールを教えているさくらさんのうれしそうな顔が目にうかびます。最後の「ママをたべたくなりました」の表現がとてもかわいいです。

【びっくりした】

いつどこで起こるか予想もできないのが地震の恐さです。突然鳴ったスマホのサイレンにびっくりしているはまのさんの顔が目に浮かびます。「よかったです」

と「心ぱいです」。このことばから安心と不安がまざったさくらさんの優しい気持ちが伝わります。

【夜ごはん】

低学年の頃は歯がはえかわる時期で、これも体の成長の節目です。おもちを食べている時にとつぜんぬけた歯に「おもちのたねかな」と、びっくりしている結佳さんの顔が目にうかびます。ぐらぐらする8本目の歯を「たべてしまわないかとドキドキ」する不安は、友だちもきっと同じ気持ちでしょう。

【ねぶそく】

卒乳の時期を迎えた妹のあづきちゃん。「レモンじる」で玲杏さん達お姉さん二人は成功しましたが、妹には効き目がありません。泣いてほしがるあづきちゃんちゃんとママのたたかいの日々の光景が、題名の「ねぶそく」からあたたかく伝わります。

【リモートじゅ業】

学校を休んだら、みんなから取り残された気分でしたが、今それを埋めてくれるのはタブレットを活用したリモート授業。「特別感」の言葉に時代が反映されていますが、でも（やっぱり学校がいいな）の本音は変わりません。

【これ…でもいい？】

コロナ禍で行事への対応が迫られた学校。親にも「よさこい」を見せたかったが、それも叶わなかった運動会。友だちと遊んでいる時に「ねー踊ろうよ」とそれをビデオに撮って親に見せた、要さんたちの前向きで頼もしい行動力に拍手です。

【パパと久しぶりの雪遊び】

雪かきして作った雪山からとび下りてパパと楽しんだ雪遊び。いっしょに遊んでくれたパパの笑顔を「世界中の人を幸せにするような」と表現した花さん。久しぶりにお父さんといっしょ遊んだ花さんの弾むようなうれしい気持ちが伝わります。

【「頑張って」なんて言わない】

努力を讃え、励ます気持ちで普通に声かけしている言葉「頑張って」は、時に当人を追い詰めプレッシャーをかけ、辛くさせることもあります。佐々木さんはピアノに向き合う気持ちを、お母さんとの関わりを通しながら「トンネル」の描写を用いて、その心情を細やかに綴っています。「今日も頑張ったよ」「明日からまた一緒に考えようね」。素敵な〝灯りの言葉〟との発見と出合いが生まれました。

【せんそう早く終われ】

テレビの画面に映る、笑顔が消えたウクライナの子どもたちを見ながら、「早くせんそうをやめてほしい」と板橋くんは心から訴えています。戦争はこの世に必要ない。「ぼくにだってわかる」ことを「大人なのになぜするのか」と、問いかけてくる翔大くんの意見に耳をかたむけ、共感の声を広げて行きたいです。

【ピンク色の半ズボン】

「ジェンダー平等」について学んだことで「男らしさ」「女らしさ」「男女で分けること」に違和感を持ち始めた皆川くん。半ズボンの色を何色にするかでは「自分の好みだから」と、「好き」や「こうしたい」という気持ちをきっぱりと宣言。「子どもの権利条約」が掲げる意見表明権を実行しています。

【かみの毛切ったら】

小児がんや白血病で脱毛した子供たちの支えになりたいと、ボランティアで髪の毛を寄付する「ヘアードネーション」が若い人の共感を集めています。何があっても「絶対に切らない」と31cm以上の目標に向かって髪を伸ばしている秋場さん。「すごいでしょ」に応えて「本当にすごいよ」と応援します。

【知らなかった海の真実】

潮干狩りをしながらゴミを拾うイベントに参加した稲吉くんは、この体験をSDGsの「海の豊かさを守ろう」と結び、調べ学習を深めました。多量のプラスチックがゴミとして放置されていた現実を見て「人間がやっていること」と気づき、（ぼくに何ができるか）と自問しながら、次の行動を考えていくところが素敵です。

【オンライン】

コロナ禍が加速させて学校に直導入されてきた一人一台のタブレット。髙木くんの「オンライン」の教室風景は、全国どこでも見られる現況になりました。クラス全員の顔を見ながらのオンライン会議のはずでしたが…・期日を勘違いして一成くん失敗の一幕。くやしさが伝わります。

【平和ポスターの願い】

戦争が早く終わって欲しいと願いながら完成させたポスター。どんな絵にするか、どんな言葉を入れるか、協力して取り組んだ教室の団結力の頼もしさに拍手です。

【戦争のない世界】

ウクライナ戦争の実際と、地域で鳴り響いたJアラートの不安と重ねて「戦争に巻き込まれる可能性」を〝自分事〟として直感した松本くんの感性が素晴らしいです。授業で学んだ日本国憲法の「平和主義」の考えを思い起こしながら「兵器のない世界」の実現を願う、この学びの姿勢を持続してください。

〈文責〉松下　義一

学年別作品

日記・作文

小学一年生

たいようが、おいかけてきた

東京都板橋区立志村第三小学校
のざき　えい人

おじいちゃんとならいごとにいくとき、でん車の三田せんにのったよ。そとをながめていると、たいようがいて、なんえきつうかしてもついてくるので、

（たいようが、おいかけてきた。）

と、おもいました。ずっとながめていたから、まぶしくて、なみだが出ちゃいました。そのあと、じゃがりこをかいました。

「おいしい。」

と、いいました。

〈指導〉大森　芳樹

てつぼう

東京都板橋区立蓮根第二小学校
おのざわ　るり

きょう、たいいくでてつぼうをやりました。わたしはてつぼうがとくいではないので、

（うまくできなかったらやだなぁ。）

とおもっていました。

じゅぎょうがはじまり、せんせいがお手本を見せてくれました。

「あれ、さかあがりってこんなにたいへんだったけ？」

と先生もくせんしていました。

「先生本気だすぞ～。」

といってもう一かいさかあがりをしたとき、

「ビリッ」

という音がしました。先生のズボンがやぶけた音でした。

「先生もうまくいかないことあるんだよ～。」

とみんなにいって、わたしはニコニコしました。ふあんがなく

なって、たのしいたいいくになりました。

〈指導〉長岡　凌央

あやとびができた

長崎県南島原市立深江小学校諏訪分校
上田　めいな

わたしの一ばんのおもい出は、あやとびができるようになったことです。

さいしょは、できませんでした。けんとさんを、見たら、とびかたがわかりました。ながはし先生から、おしえてもらいました。

ながはし先生が、

「ばってんにするといいよ。」

と、いいました。いうとおりにしたらとべました。わたしは、つづけて八かいとべて、とてもうれしかったです。こんどは、つづけて十かいとびたいです。

まとめのかいで、おかあさんにみせたいです。

〈指導〉一ノ瀬　すが

きぶんがいい

埼玉県所沢市立宮前小学校
ながい　はるゆき

ぼくは、ぎゅうにゅうぎらいでした。ぎゅうにゅうをすこしのんでごはんをたべました。そしてぎゅうにゅうをいっぱいのみました。

ごはんをたべおわって、ぎゅうにゅうをのみました。あとすこしでおかわりができるのでたのしみです。ぎゅうにゅうをのみおわりました。

ぜんぶたべおわりました。さかなをおかわりしました。そして、やさいをおかわりしました。ランチマットをかたづけました。

これからぎゅうにゅうぜんぶのみます。

ぎゅうにゅうをのめないときもあります。

おちゃは、ぜんぶのめませんでした。

〈指導〉窪田　渚

ゆずはっけん

くわな　みほ
山梨県身延町立身延小学校

よう子せんせいが、ゆずをもってきてくれました。

一つもらって、しらべてみました。

みは、さわってみたら、ぼこぼこしていました。いろは、きいろときみどりいろでした。うらのところは、いちごみたいでした。においは、ミントみたいにすうすうしていました。

はっぱは、二つつながっていて、おやこみたいなかたちでした。はっぱのうらは、せっけんみたいで、しゃぼんだまみたいなにおいでした。

とげとえだのところのいろが、こいみだりとしろいいろでした。うすいいろとこいいろがどっちもありました。

は、オレンジなのに、おくのほうは、みどりいろで（なんでちがうのかなあ）とおもいました。

いえにゆずの木があります。あんまりたべたことはないけれど、おふろによく入れていました。おうちでにおいをかいだらせっけんみたいなにおいでした。おばあちゃんがよくゆずジャムをつくってくれました。パンにのっけてたべました。ちょっとすっぱくて、あますぎなかったので、わたしの口にあうあじでした。

おふろに入れたら、あながあいていて、ぽちゃぽちゃというおとがしました。学校からもらったゆずを見て、かぞくが
「きれいないろで　おいしそうだね。」

といってくれました。

〈指導〉佐野　葉子

弟とおつかいに行った

米岡　一颯
東京都足立区立伊興小学校

すごくまえに、お母さんに、

「おつかいに行ってくれる?」

と言われて、ぼくは、

「いいよ。」

と言いました。弟が、

「ひいろも、行く。」

と言ったから、ぼくは、

「いいよ。」

と言いました。お母さんにも
「いっしょに行っていい?」

と聞きました。それでお母さんが、

「気をつけて行ってね。」

と言ってくれました。

「分かったよ。」

とぼくは言いました。

　おつかいは、ぎょうざ一はこ、メンマ一こ、チャーシュー四まいぶんのやつを一こたのまれました。メンマとチャーシューはライフでぎょうざやさんの名前はわすれました。さいしょにライフに行きました。ぼくは、店の中に入ったら、弟に、

「ぜったいに手をはなさないでね。」

と言いました。弟は、

「なんで。」

と聞いてきたので、ぼくは、

「まいごになっちゃうから。」

と言いました。弟は、

「そっかー。」

と言いました。うっているばしょが分からないから、弟に、

「お店の人に聞いてみよう。」

とぼくは言いました。弟は、

「そうだね。」

と言いました。二人でお店の人を見つけて、

「メンマとチャーシューは、どこにありますか。」

と聞き、お店の人は、

「ここですよ。」

と教えてくれました。ラーメンのぐざいはぶじにかえたから、つぎはぎょうざをかいに行きました。

ライフから出ると外はまっくらでした。そしたら弟が、

「つかれたー。」

と言ったから、ぼくは、

「もうすこしだからがんばって。」

と言ったら、弟が、

「えー。」

と言っていやそうに歩いたから、ぼくは、（もう少しだからがんばって。）と思いました。

　ぶじにぎょうざやさんにつきました。中には、だれもいませんでした。れいとうこをあけて、一はことりました。ぼくが、

「お金をそのはこに入れて。」

と言いました。そしたら弟が、

「分かった。」

と言って、お金を入れてくれました。なのでぼくは、

「ありがとう。」

と言いました。外に出たらさっきよりもくらくなっていました。弟がまた、

「つかれたー。」

と言ったので、だっこをしてあげました。少しだけだったけど、弟はよろこんでくれました。二人で歩いてかえりました。家についてからもお母さんにおれいを言われて、ぼくはうれしいなと思いました。こんどは、一人で行きたいです。

〈指導〉浅香　詠未

そうたさんのひみつきち

青森県弘前市立小沢小学校
やまがた　こうへい

九月のさいごの土よう日、なかよしのそうたさんのいえにあそびにいきました。

いえにいくと、そうたさんはカレンダーのうらに、きょうのじかんわりをつくってくれていました。

「一じかん目は、じてん車で二しゅうしてからぶどうをたべて、中休みはおかしタイム。三じかん目は、ひみつきちにいくよ。四じかん目はのんびりタイムだよ。」

と、ぼくにおしえてくれました。ぼくは、三じかん目のひみつきちがとても気になりました。

「えっ、ひみつきちって、じぶんでつくったの。」

と、ぼくがきいたら、

「つくったんじゃなくて、けしきだよ。」

といったので、ぼくはもっと気になりました。

いよいよ三じかん目になりました。ぼくはわくわく、どきどきしてきました。まず、そうたさんのいえのうらのはたけをまがりました。そして、のうどうをすすんで、またまがりました。まだまだあるきつづけました。

ついに、そうたさんのひみつきちにつきました。とおくに小さなたきのような川がありました。水はとうめいで、きらきらひかっていました。川だとおもえないくらいきれいだったので、ぼくはからだじゅうどきどきしました。

「ひみつなのにおしえてくれるの。」

と、ぼくがきくと、

「こうへいさんに見せたかったんだ。」

と、そうたさんはいいました。ぼくは、とてもうれしい気もちになりました。

そのあと、そうたさんのいえにもどって四じかん目ののんびりタイムをして、じぶんのいえにかえりました。

あしたもまたそうたさんとあそびたいなとおもいました。

『ひろさき』

なつ休みのるすばん

愛知県幸田町立豊坂小学校
たべ　ともなり

なつ休みになって、おにいちゃんとるすばんをしました。おかあさんが小学校のほごしゃかいへ出かけたときです。出かけるときにおかあさんが、

「すきなことしてまっててね。なにやっててもいいからね。とけいのながいはりが一しゅうまわったころにかえってくる

ね。」

といって、出かけていきました。

　ぼくはやったとおもいました。ゲームもユーチューブもすきなだけできる。さっそくどうがを見ました。そのあとゲームをしました。やりたいほうだいできました。だけどとちゅうで、おにいちゃんとゲームのことでけんかになりました。いつもならおかあさんがたすけてくれるのに、このときはいません。そうしたらきゅうにさみしくなって、おかあさんのことをかんがえました。ほごしゃかいでなにをはなしているのかな。ぼくがまい日水やりをしてだいじにそだてているアサガオのナーリーをもってかえってきてくれるかな。おなかすいたな。おひるごはんはなにかな。げんかんのピンポーンはならなければいいな。早くおかあさんかえってきてほしいな。いろいろなことをかんがえました。

　すきなことをやっているときはあっというまにじかんがすぎてしまうのに、このときはながいはりが一しゅうするのがおそいとおもいました。はりがこわれているのかとおもってじっと見ました。なんかいも目をぱちぱちさせました。ゆびで目をひろげてみました。なんどもなんどもとけいを見ました。すこしずつはりがすすんでいました。ながいはりだけでなく、みじかいはりもうごいていました。なんだかはりがおにごっこをしたり、かけっこをしているようでした。このことをおにいちゃんにおしえてあげました。そうしたらおにいちゃんが、

「へえ、それで。」

とこたえました。せっかく見つけたおもしろいことをおしえてあげたのに、おにいちゃんのへんじをきいて、ぼくはいやな気もちになりました。やっぱり早くおかあさんにかえってきてほしいとおもいました。

　ながいはりが一しゅうしても、おかあさんはかえってきません。おにいちゃんもしゃべりません。ぼくはなきたくなりました。でも、がまんしました。すると、げんかんのかぎがあいて、おかあさんがかえってきました。ぼくのアサガオのナーリーをだいじにもってきてくれました。おかあさんにあえてまたなきたくなったけれど、がまんしました。そして、るすばんしているときのはなしをしました。おかあさんは、

「よくがんばったね。なきたいときはないていいんだよ。」

といいました。でもそのときなみだは出なかったです。いままでがまんしたのに、ここでなくのはいやでした。がまんしたじぶんはすごいとおもいます。

　るすばんはこわかったし、しんぱいなこともたくさんあったけれど、またちょうせんしたいです。


『村の子』

作品をこう読んだ

〈一年生〉日記・作文

【たいようが、おいかけてきた】 でんしゃのまどから大きなたいようがみえた。うごくでん車といっしょにたいようがうごいてきた。ふしぎにおもってずっとながめていたのですね。きれいなたいようだったでしょう。おじいちゃんとしずかに見ていたようすがわかります。

【てつぼう】 にがてのてつぼう。先生が、おてほんでクルッとまわってやってしまうのかとおもっていたら、くせんしていましたね。本気を出すぞとこえではりきっていたのに、「ビリィ。」せんせいのすがたを見てほっとしたね。きもちがらくになって、にがてのてつぼうができそうですね。

【あやとびができた】 あやとびをとびたいというきもちがよくわかります。友だちがとんでいるところをよく見たり、先生からこつをおしえてもらいやってみたら、八かいもとべた。うれしいですね。早くお母さんに見せたいですね。じしんをもってできますね。

【きぶんがいい】 ぎゅうにゅうがきらいでもおかわりをしたい。そこでかんがえたね。ぎゅうにゅうをすこしのんでごはんをたべる。そしてぎゅうにゅうをいっぱいのむ。ぜんぶのみおかわり、おかわりができた。さかなもやさいもおかわりができた。ランチマットのかたづけもはやくできた。うれしいね。気分がいいね。

【ゆずはっけん】 先生からゆずを一つもらいていねいにみています。手でさわってみたり、においをかぎ、いろをよく見ています。手、目、はなをつかいかんさつをしていますね。家にもちかえり、家の人とお話をしているところもいいですね。一つのゆずでいろんなはっ見ができましたね。

【弟とおつかいに行った】 おかあさんにたのまれたおつかい。弟とふたりでいった。さいしょは、ふあんがあったでしょう。でも、たのまれたものをスーパーの人にきいたり、かったもののお金を弟に入れさせたりとおつかいと弟のめんどうと二つのことをしっかりできましたね。がんばったね。

【そうたさんのひみつきち】 そうたさんは、じかんわりまでつくってこうへいさんをむかえてくれたのですね。こうへいさんにそっとおしえたかったそうたさんのひみつきち。すてきなばしょですね。しずかなけしきを二人で見ているようすがうかんできます。行ってみたいです。いいおともだちですね。

【なつ休みのるすばん】 おにいちゃんとるすばん。なにをやってもいいなんてラッキーとおもったのにおにいちゃんとのケンカでたのしさがきえてしまったね。お母さんがかえってくるまで時間がとても長くかんじたね。おかあさんのかおを見てなきたくなったきもちよくわかります。がんばったね。そして、るすばんで大きくせいちょうしましたね。

〈文責〉渡辺　登美江

詩

小学一年生

〔口頭詩〕

きしだ　いくや
長野県長野市立古里小学校

せんせい！
もう　じかんなくなっちゃったよ
きょう　ひるやすみなしなの？
おれがいちばんたのしみにしてた
ひるやすみ　うばわないでよ！

〈指導〉西澤　桃子

ジャングルジム

おの　はな
東京都町田市立南大谷小学校

せんせいあのね
きょうジャングルジムにすわったよ
いちばんうえにのぼったんだよ
てがはなせたよ
あしだけでささえるのが
むずかしかったよ
たかくてちょっとこわかったよ
おちそうになったよ
てがいたかったよ
いままでのぼれなかったけど
のぼれるようになってよかったよ
おかあさんとおとうさんに
みせたいな

〈指導〉植木　美貴

おにごっこ

たにもと　たいが
東京都板橋区立蓮根第二小学校

せんせいあのね。
二くみでおにごっこするときは、
ぼくのほうがあしがはやいから
らくしょう
でもね、
六年生がくるとよゆうがない。
それにはやくてこわい。
ぼくが六年生になって、
一年生とあそぶときは
てかげんしてあげよう。

〈指導〉長岡　凌央

おはなししたいこと〔口頭詩〕

きはら　いろさ
奈良教育大学付属小学校

きのう　せんせい　きたから
たのしかった。
なんかさ、ままがとなりのへや
みられるの　いややからって
でんきけそうとしてたから
なんでって　おもってた。
ままが、わたしがきのう　いってた
「からむうちょ　とかあげたら」
っていったの。
わたしは
「たまごあげたら」
ともいったの。
たまご　たかいし。

〈指導〉入澤　佳菜

きけんなおしり

川島　はるひ
高知県須崎市立安和小学校

かえりの　じゅんびのとき
先生と　げきとつした。
先生が　立っていることに
気づかなくて
まえを　むいたら
いきなり　おしりだった。
わたしの　がんめんが
おしりに　あたった。
ボヨーンとなって
しりもちを　ついた。
ちょっといたかった。

先生のおしりは　きけんです。

『やまもも』

さつまいもほり

さとう　こころ
青森県弘前市立相馬小学校

せいかつかのじかんに
さつまいもをほった。
はたけにいくと
つるがぐにゃぐにゃのびていた。
こんなにそだったんだ
とびっくりした。
わたしが
「うんとこしょどっこいしょ。」
とひっぱると、ゆわさんは、
「おりゃ。」
といって、しりもちをついた。
みんなわらって、たのしかったよ。
大きいの、小さいの、へんなかたち
しんぶんの上に、
さつまいもがいっぱいのった。
みんなでがんばったから
いっぱいとれたんだな。

『ひろさき』

たのしみ

かたぎり　ひなた
埼玉県所沢市立宮前小学校

「きょう　ともだちと
あそぶことになった」
みんな
たのしみに
まっています
ママが
「しゅくだいを
一こでもやればいいよ」
といってくれた
わたしのマンションに
みんなが
あつまるんだ

〈指導〉窪田　渚

〔口頭詩〕

かわはらだ　けい
長野県長野市立青木島小学校

せんせい、
けい　はやくおうちに　かえりたい。
けいのうち、あかちゃん　うまれたでしょ。
はやくかえって
あかちゃん　だっこしたいんだよ。
あかちゃんのなまえ、
えなちゃんって　いうんだよ。
あー　はやくかえって
えなちゃん　だっこしたいなぁ。

〈指導〉堀内　裕子

かあさんからのありがとう

岩城　ゆうと
高知県四万十市立西土佐小学校

よる、かあさんが、
「いたい。」
といってた。
かたこりが　ひどくて、
しんどいって。
だから、ぼくは、
かあさんの　からだ中を
もんであげた。
すると、かあさんが、
「気もちよすぎて　ねてたわ。
つぎも　よろしくね。」
と　かわいいこえで　いった。
ぼくは、
「いいよ。」
というと、
「ありがとう。」
と　かあさんは　いった。
かあさんが　げん気になって
よかったなあ。

『やまもも』

気にしません

小松　よしまさ
高知県いの町立伊野南小学校

日ようびに、おとうさんが、おかあさ
んに
「かみを　きって。」
というのを　きいて、
かみを　きりたくなりました。
おかあさんに、おふろに　入るまえに
きってもらいました。
おとうさんと　にてきて、
ぼくは　いいかんじ
とおもいました。
あたまが　すうすうしました。
「しっぱいしてごめんね。」
と、おかあさんが　いいました。
ぼくは、気にしません。

『やまもも』

かめ

おおせ　しゅん
青森県弘前市立松原小学校

どうぶつひろばで
とても大きな
かめを見たよ
いろは
ちょっとくらいちゃいろで
おじいさんみたいな
かおをしている
足をまえに
いっぽいっぽ出して
ゆっくりゆっくり
あるくよ
そんなにでっかい
こうらをのせて
よくうごけるね

『ひろさき』

目あては　カサゴだったのに

北川　すざく
高知県安芸市立穴内小学校

目あては、カサゴ
えさは　イカの足
こんどは　つれてよ
つりざおの先を　じっと見つめた
ピクッ
がまんがまん
ググッ
さおが、エビのように　まがる
「まけ。まけ」
おとうさんが、いった
ぼくと、カサゴの　たたかいだ
おもい
手が　ちぎれそう
足も　ふらふらだ
つかれた
でも　まけられない
バチャ、バチャ
と　水をたたく音
くねくねしながら　あがってきたのは

おこったウツボだった

『やまもも』

じょせつドーザ

いしづか　ようた
長野県下水内郡栄村栄小学校

つきおかのじゅうきしゃこから
じょせつドーザがきたよ
ガーガーいうのをずっとみてたら
ゆきがなくなって
ちゅうしゃじょうがきれいになったよ
ぼくもおとなになったら
じょせつドーザうんてんしたいな

〈指導〉北條　明浩

ゆきあそび

ふく田　七み
東京都板橋区立志村第三小学校

あひるのかたちを
つくったよ。
ふじ山を
つくったよ。
あめがふってきたから
かさをかけました。
あさ、とけてたよ。

〈指導〉大森　芳樹

じょろうグモ

さかもと　ちあき
青森県弘前市立豊田小学校

じょろうグモを見つけたよ
ぼくの手にのせて
じっと見ていたら
おしりをもぞもぞ
うごかしたよ
ずっと見ていたら
おしりから赤いたまごが
いっぱい出てきたよ
はじめて見て
びっくりしたよ
じょろうグモも
びっくりしたのかな

『ひろさき』

作品をこう読んだ

〈一年生〉詩

【口頭詩】先生の話が長くなったのでしょうか。昼休みがなくなる！「うばわないでよ」と心の叫びをぶつけたいくやさんと、受けとめた先生がすてきです。

【ジャングルジム】うれしかったですね。一番上に手をはなしてすわると、ぐらぐらしたり、落ちそうになったりこわかった。でも「初めてできた！」というほこらしい気持ちがあふれています。

【おにごっこ】一年生でのおにごっこでは余裕の作者も、六年生にはかなわない。「六年になったら手かげんしてあげよう」は、今、六年生に言いたいことですね。

【おはなししたいこと・口頭詩】家庭訪問の前日、うきうきして「先生に何をあげようか」と話していたのね。値上がり中の「たまご」を考える作者。大好きな先生のくらしも考えていて、感心します。

【きけんなおしり】題名で読みたくなります。先生のお尻に当たってボヨーンと柔らかいけど、押し返す力が強くて尻もちついたので「きけん」だったのですね。

【さつまいもほり】つるがのびている様子や、にぎやかに掘っている姿が見えてきます。「大きなかぶ」や「おりゃ」のかけ声からも、楽しさが伝わってきます。

【たのしみ】友だちと遊べる！と心がはずんでいます。「みんなたのしみにまっています」から、約束した時からみんなのワクワクは始まっていたのが分かります。

【口頭詩】生まれたあかちゃんをだっこしたくなって、たまらず、先生に話したのですね。「はやくかえりたい」と三回も言ってます。かわいくてたまらないのね。

【かあさんからのありがとう】しんどそうなかあさんを見て、からだ中をもんだゆうとさん。「つぎもよろしくね」のかわいい声に「いいよ」と応えます。かあさんの元気のもとはゆうとさんですね。

【気にしません】髪を切ってもらって、「おとうさんとにてきて、いいかんじ」と思うのに、おかあさんは「失敗してごめんね」と言う。「気にしません」と言い切る作者のさわやかさ、気持ちいいです。

【かめ】大きなかめの顔、でっかいこうらをのせて歩く姿をじっと見ていたのですね。最後の一行「よくうごけるね」に、しゅんさんの驚きがつまっています。

【目あては　カサゴだったのに】つりざおにかかったときの手ごたえ、全力でつりあげる緊迫感にドキドキします。おこったウツボとは。たくましい作者です。

【じょせつドーザ】大雪のときの除雪車は、お助けマンのように雪をどかしてくれて頼もしいですよね。その働きをじっと見て、あこがれたようたさんです。

【ゆきあそび】やっと雪がつもって、あひるとふじ山が作れたのに。かさで雨から守ろうとする七みさんの心が温かい。題名が大切な一行になっています。

【じょろうグモ】手にクモをのせるちあきさんは、生きものが好きなのですね。クモにもそれが分かって、安心してたまごをうんだのではないでしょうか。

〈文責〉伊藤　和実

日記・作文

小学二年生

たん生日プレゼント

今堀　紗帆
奈良県生駒市立あすみ野小学校

　今日のあさは、わたしのたん生日プレゼントのハンモックをたのみました。ネットでちゅうもんしたので、今日の夕方か、あしたにとどくそうです。

　夕方になると、

「ピンポン、ピンポン。」

となりました。おかあさんが、もってきて見ても、なにもわからなかったので、あけてみました。すると、中から、ハンモックがでてきました。さっそく、やろうと思いましたが、むずかしくって、おとうさんにくみたててもらいました。

　できたと思えば、長くてじめんに、ついてしまいました。もっと高いところをさがさなきゃと思ったとき、おとうさんが、いいアイデアをだしてくれました。それは、ぼうにハンモックをまきつけるんです。まきつけると、ちょうどいいたかさでした。さわりごこちもよくて、今もつかっています。今は、ネットでちゅうもんできるし、それに、早いなんて、そうとうべんりだと思っています。つかれたときは、ハンモックでねころがっています。ハンモックで一回はねころがってみたかったので、ゆめがかなってよかったです。

〈指導〉緒方　甲

まぼろしのカタツムリ

よねざわ　だいち
愛知県幸田町立深溝小学校

　ぼくは、ようち園のころから家でカタツムリをかっています。三がね山にあじさいを見に行ったときに、石にカタツムリがいるのを見つけて、かってみたいと思ってかうことにしました。かいはじめて二年目には、たくさん赤ちゃんが生まれました。まい日せわをするのは大へんだけれど、カタツムリのいろいろなすがたが見られてかわいいです。

　少し前に図かんを見ていたら、とよはしの石まき山というところに、めずらしいカタツムリがいることを知りました。しかも、五しゅるいくらいいて、からに毛が生えているものや、からがまっ白なものもいると書いてありました。その中でも、ぜつめつきぐしゅのオモイガケナマイマイという名前のカタツムリは、ちょう上の岩場にしかいないしゅるいだそうです。ぼくはそのカタツムリたちを見てみたくなりました。お母さんといっしょに、七月の雨のつぎの日に石まき山にさがしに行きました。

石まき山につくと、たくさんのカタツムリがいました。さがしていた四しゅるいは見つかったけれど、オモイガケナマイマイだけはちょう上に行っても見つからなくて、くやしかったです。

夏休みになり、お母さんが、

「とよはしのはくぶつかんに、オモイガケナマイマイのひょう本があるみたいだよ。」

と教えてくれました。ぼくは、

「とくちょうを知りたい。」

と言って、つれて行ってもらいました。はくぶつかんに入ってひょう本を見たとき、

「オモイガケナマイマイってこんなに小さいの。」

とおどろきました。お母さんが、

「もしかしたらぜつめつしてしまっているのじゃない。」

と言ったので、ぼくは　ゆう気を出してはくぶつかんの人に聞いてみました。

「すみません。石まき山にいるオモイガケナマイマイは、ぜつめつしてしまったのですか。」

としつ問をすると、

「六月にわたしがのぼったときに見かけたから、まだいると思いますよ。」

と教えてくれました。さがすこつも教えてくれました。それを聞いて、ぼくはもう一回さがしたいと思いました。

夏休み中にまた石まき山にのぼりました。その日もちょう上に行ってさがしました。お母さんといっしょにじっとさがしても、一ぴきも見つかりませんでした。もう少しさがしてみると、お母さんが、

「オモイガケナマイマイのからがあった。」

と言ったので、ぼくは声がしたほうに行ったら、本当にオモイガケナマイマイのからがありました。ぼくはうれしくてあわあわしてしまいました。近くに生きているカタツムリがいると思い、しんけんにさがしたけれど、オモイガケナマイマイはいませんでした。

また次の雨の日にさがしても、やっぱり見つかりませんでした。

今年はあきらめるしかないと思っていると、お父さんも行くと言ってくれました。ラストチャンスです。ぼくはぜったい見つけるぞと気合いを入れました。石まき山につくと、いそいでちょう上にむかいました。手ぶくろをつけて、岩のすき間まで

じっくりさがしました。お父さんは、ぼくが見えない高いところをさがしてくれました。それでも見つからなかったので帰ろうとしたときに、

「これは何。」

と、お母さんが言いました。見てみると、そこにはカタツムリの赤ちゃんがいました。よく見ると、オモイガケナマイマイに見えました。ぼくは、はじめてオモイガケナマイマイを見ることができて、とてもうれしかったです。

でも、このままだとオモイガケナマイマイは本当にぜつめつしてしまうのではないかと思いました。カタツムリがへっているりゆうは、さいがいやしぜんはかいだそうです。ぼくが大人になっても、たくさんのカタツムリが見られるように、しぜんを大切にして、カタツムリがふえたらいいなと思います。


『村の子』

なに?

せき口　なお
東京都八王子市立七国小学校

先生が、大きなダンボールを、もってきました。中みは、たぶんケーキかな?

先生が中みを　あけると　いっぱいの　ケーキの　はこが出てきました。おいしそうで、よだれが　たれそうです。先生は　あんなに　たくさん　たべるのかな　と思いました。

つくえに、ケーキの　はこが　くばられて、こころちゃんがもってみて、そしたら　こころちゃんが
「これケーキじゃない!」

と言いました。そして　こころちゃんが　はこを　もったら、ちゃ色いしっぽ　みたいなのが出て　きました。

よしい先生が、

「はこを　あけて　いいよ。」

と言って、いたから、こわいけれど、がんばって　あけたらザリガニが二ひき出てきたので、びっくり　しました。みんなの　はこからも　ザリガニが出て　きたので　みんなも　びっくり　していました。中には　さけんでいる　人も　いました。みんなで　いそいで　ザリガニをつかまえ　ました。そして　みんなの　ふでばこで　ザリガニを　かこみました。

少したったら　先生が　ザリガニを　かいしゅう　しました。かわいかったなーと　思いました。

ザリガニを　かいたいなーと　思いました。かわいかったです。そして　よしい先生が、

「教室で　八ぴき　ぐらい　かいましょう。」

と言って　びっくり　しました。うれしかったです。

〈指導〉吉井　裕美

大すきなりんごのはたけ

青森県弘前市立松原小学校
黒瀧　瑛人

ぼくは、夏休み、お母さんがはたらいているはたけに毎日行っています。そこで、りんごをもいだり、もいだりんごやかごをはこんだりするお手つだいをしています。

はたけではたらいている人たちは、とても話がおもしろくて楽しい人たちばかりです。休けい中には、いっしょにゲームをします。大人の人もしんけんにやってくれます。まけるとばつゲームで、はたけを一しゅう走ります。ときどき、かけ算やわり算などのべん強も教えてくれます。それから、ぼくのにが手なボールなげも、おちたりんごをつかって教えてくれます。何回も何回もれんしゅうするうちに、遠くまでりんごがとぶようになりました。

またちがう日には、りんごをはこぶきかいにのせてもらいました。ぼくが「社長」とよんでいる男の人が、

「ボーイもやってみるか。」

と言って、ぼくをひざの上にのせました。エンジンのくさいにおいがしました。どきどきしながらハンドルをにぎると、がたがたゆれながら走り出しました。思ったよりスピードが出て、だんだん楽しくなりました。

今は、八月にとれる「メルシー」というりんごをもいでいます。みどり色であまずっぱいりんごです。妹は大すきでよく食べます。お母さんたちは、はしごをつかって高いところのりんごをもいでいきます。ぼくは、手がとどくところのりんごをもぎます。もいだりんごはどんどんかごに入れていきます。りんごの入ったかごはずっしりとおもくなります。大人もぼくも、あせをいっぱいかきながらはたらきました。

ところが、八月九日の大雨で、はたけがかん水してしまいました。

「はたけ、どうなってるんだろうね。」

「早く雨止まないかなあ。」

ぼくとお母さんは、毎日心ぱいでした。でも、雨が止むまでは何もできませんでした。

ようやく雨が止み、はたけを見に行ってみると、りんごの木はどろ水にかくれていました。何かがくさったようなにおいがして、りんごがたくさんおちていました。

「りんご、だめになったね。」

「どうしようかな。」

お母さんもはたけの人たちも、みんなかなしそうな顔でこまっていました。でも、

「瑛人はあぶないからそこで見てて。」

と言うと、ねこ車でおちたりんごをひろってかたづけはじめました。ぼくも手つだいたかったけどがまんしました。水びたしになったりんごとどろどろのはたけを見ながら、「雨がふらな

かったら、こんなことにならなかったのに。」と、くやしい気もちになりました。今は、何もできないけれど、また元のはたけにもどったら、みんなといっしょにりんごの手つだいをしたいです。

『文集ひろさき62号』

しばすべり

大石　れいら
茨城県取手市立六郷小学校

十月二十一日、たのしいえんそくでした。とくに、しばすべりがたのしかったです。ともきくんとかえでくん、そうせいくんとわたしでいっしょにすべりました。とくにおもしろかったのはわたしとそうせいくんですべったら、そうせいくんのそりが、わたしの目の前にきてぶつかりそうでした。すごくおもしろかったです。そうせいくんは、ちょっとねころびながらすべっていました。

四人でいっしょにスタートしても、タイミングがぜんぜん合いませんでした。けれど、そうせいくんとは合いました。そして、かえでくんとそうせいくんはころんでいました。ともきくんは、あのさかをなんどのぼってもつかれていないようでした。すごいなあと思いました。

五十回ぐらいすべっていました。それでも元気もりもりでした。

すると、一年生がおちゃをのみたいと言ったので、一回すべって終わりにしました。

十一時二十分になり、じゃぶじゃぶいけに三十分にしゅうごうしました。

そして、おべんとうの時間になりました。コロナなので、はんごとに間をあけて食べました。

みんなおいしそうでした。わたしのおべんとうもおいしかったです。

おやつを食べていたら、一年生がいっぱいおやつをもってきていました。あんなに食べられるのかなあと思いました。

午後は、どうぶつと、ふれあいました。

〈指導〉霜田　弘美

きゅうしゅうへのはいくたび

むねおか　りほ
神奈川県　藤沢市立新林小学校

わたしは、くまもとけんにいる、たんしんふにん中のお父さんに、かぞくと車で　あいにいきます。

一日目は、ひょうごけんまでいきます。たのしみです。おうちをしゅっぱつし、しずおかけんに入りました。そのあと、あいちけん、みえけん、しがけん、きょうとふ、おおさかふをと

おり、ひょうごけんにつきました。ひょうごけんでは、こうべのホテルに　とまります。そこで、いっく
まどのそと
ビーズのような
こうべのよ
二日目、ひょうごけんを出て、えひめけんにいきます。おか山けんをすぎ、ひろしまけんに入りました。ひろしまけんからは、しまなみかいどうを　とおります。けしきがすごくきれいでした。ここでいっく
ひろしまけん
えひめにつながる
はし七つ
この日は、えひめけんのまつ山に　とまりました。
三日目、今日はふねにのって　おおいたにいきます。みなとにいくとちゅう　音がなるどうろを見つけました。またまたこでいっく
さだみさき
メロディーどうろで
きぶんそうかい
そしてふねにのるとき、なんとなんと、
じょうせんけん
おかあさんなくして
おっちょこちょい

のできごとがあったけれど、それでもおおいたに　つくことができました。そのあと、おとうさんのおうちがある　くまもとけんにつきました。
くまもとけんからのかえりは、いせじんぐうによります。
いせじんぐう
あつさふきとぶ
とうにゅうシェイク
あつかったので、すずしくなりました。そして、みえけんにとまりました。ホテルに入って、いっく
かしこじま
千とちひろの
ようなやど
すごいごはんがおいしかったです。
つぎの日、海にいきました。
とばの海
貝も海月も
よく見える
海がすごくきれいだったから　ずっといたいなぁと思いました。
そして、ぶじにいえにつきました。じこにあわなくて　よかったです。
いい思い出になりました。

『わかふじ』

むずかしかったかけ算九九

鳥取県大山町立大山西小学校
すぎ野　さくら

わたしは、二年生になってかけ算九九をべん強しました。かけ算九九をおぼえる時、学校では、かけ算九九ボランティアの方が来られました。その時、わたしは少しきんちょうしました。でも、聞いてもらううちに楽しくなってきました。かけ算九九はむずかしいけれど、おぼえるうちに楽しくなりました。

家でもいっぱいがんばりました。一のだんと二のだんは、かんたんでした。三のだんは、さい後の３×９が少しむずかしかったです。四のだんは、少しむずかしかったです。五のだんは、かんたんでした。なぜかというと、五のだんは五ずつふえるからです。六のだんは、むずかしかったです。七のだんは、むずかしかったけれど、がんばってれんしゅうしました。八のだんは、少しむずかしかったです。九のだんは、少しかんたんでした。九のだんは、さいしょは言えなかったけれど、れんしゅうして言えるようになって楽しくなりました。

これからも、一のだん、二のだん、三のだん、四のだん、五のだん、六のだん、七のだん、八のだん、九のだんをすべてしっかり読んで、がんばっておぼえて、九九名人になりたいです。

『山なみ』

作品をこう読んだ
〈二年生〉日記・作文

【たん生日プレゼント】
たん生日プレゼントにハンモックをたのんだ今井さんです。何とかお父さんが工夫をしてくれてハンモックをつるすことができました。ハンモックでねてみたいという思いが実げんできて、今井さんもそれを見ている家ぞくもしあわせそうなえがおなのでしょう。

【まぼろしのカタツムリ】
ぜつめつきぐしゅのオモイガケナマイマイを見つけようと何ども石まき山に出かけます。ラストチャンスでやっと見つけたオモイガケナマイマイでした。なかなか見つけられないことで、本当に数の少ないことがわかったはずです。自分でじっさいに行どうしたことでつかんだ思いは本ものです。大人になってもしぜんを大せつにしていこうという気もちがたしかにつたわってきます。

【なに？】
たくさんのケーキのはこから出てきたものはざりがにでした。子どもたちもびっくりしています。そうして、ざりがにとたわむれます。子どもたちの心はざりがににぐっさりとつかまれたことでしょう。かわいかったな、かいたいなというせき口さんのことばがそのことをあらわしています。

【大すきなりんごのはたけ】
りんご畑でお手つだいをする黒瀧さんです。家がのう家をしていても、お手つだいをするということが少なくなってきました。黒瀧さんがじっさいにりんごをもいだり、はこんだりする中で、りんごをいとおしく思う気もちがよくつたわってきます。しかし、そのりんごも大雨で大きなダメージをうけてしまいます。今はなにもできない自分だけれど、そこからまたりんごに対する思いを強くしていきます。とてもきちょうなつづり方です。

【しばすべり】
えんそくでやったしばすべり。みんなといっしょだからいろいろなすべりかたをしてあそびます。元気な二年生のすがたがここにあります。さまざまなくふうをこらしながら子どもたちはあそんでいきます。からだをつかったあそびが子どもたちの大せつな力になっていくということをかんじました。

【きゅうしゅうへのはいくたび】
神奈川からお父さんのいる熊本まで、そして、そこからのかえりのたびです。その中で心に止まったことをはいくであらわしています。一つ一つが心のしゃしんとしてことばをとおして生きています。こうしたことばをつかったたのしみ方を多くの子どもたちもしてほしいなと思うところです。

【むずかしかったかけ算九九】
二年生だったら、だれもがけいけんする、そして思い出にのこっていることです。むずかしいけれど、おぼえてしまった九九は、何だかほこらしい気もちになるものですね。そうやって、みんなせいちょうしていくのです。二年生だからこそかけるつづり方であると思いました。

〈文責〉近藤　孝

詩

小学二年生

あした…

東京都八王子市立七国小学校
中村　そうた

あした
学級へいさ…
やばーい
ねえねは　学校
ママもパパも　おしごと！
おれ一人で　おるすばん
したこと
ないんだった～
やばいぞ～
やばいぞ～

〈指導〉吉井　裕美

いとこの赤ちゃん

青森県青森市立北小学校
松嶋　侑里

ふわふわしていて
おもちみたい。
食べたいくらいにかわいいほっぺた。
手も足もわたあめみたいにやわらかい。
こんなにかわいい赤ちゃんが
生まれてきたのは、
私のお母さんの妹が、
とってもがんばったからだね。
だっこしてみたら、
何ももっていないみたいにかるくて、
びっくりしたよ。
「さわちゃん。」
かわいい名前だね。
どんなかんじに大きくなるのかな。
ちょっぴりふあんになった。
でも、大じょうぶだよ。
みんなが、さわちゃんのみかただよ。

『村の子』

あたまに字がはいんない

長野県飯山市立常盤小学校
あべ　りと

ぼくは、こくごがにがてです。
わけは、
あたまに字がはいんないからです。
かきじゅんをまちがえるからです。
へんな字になります。
できないから
つぎの字をかきます。
うまくいくと
きもちがおちつきます。

〈指導〉永原　身咲

ぼくのおにいちゃん

神奈川県藤沢市立鵠洋小学校
まるえ　なつき

はやいな　はやいな
ぼくも　そんなに足がはやくなりたいな
すごいな　すごいな
ぼくも
せんごくじだいに
くわしくなりたいな

いつも
いじわるするけれど
やさしいときもある

いつか
おにいちゃんみたいに
なりたいな

『わかふじ』

いもうととケンカ

北海道音更町立駒場小学校
うえまつ　みはく

わたしは
ブロックのとりあいで
いもうとと大げんか
おかあさんに
「うるさい」って言われた
プンプンこわかった
いもうとがないちゃった
それを見て
わたしもちょっとないちゃった
わたしは「ごめんね」をして
いもうとを
ぎゅっとだきしめた

〈指導〉稲船　暁允

先生あまえんぼうだ

高知県宿毛市立山奈小学校
奥田　りんか

先生におんぶしてもらった
そのおかえしにかたもみをした
かたをもってぎゅっぎゅっ
やわらかかった
「外に行くけん、もうやめるで」
先生に言った
「もうちょっとやって
　先生あまえんぼうやけん」
気もちよさそうに言った
「もうええやろ」
大声で言いそうになった
でももうちょっとやってもいいかな

『やまもも』

一人ぼっちの学どう

東京都町田市立藤の台小学校
まつい　ゆいと

土曜日
学どうに行ったら
先生しかいなかった。
まってもまってもだれもこなかった。
けっきょくさいごまで一人だった。
一人でずっとあそんでた。
一人でごはんもたべた。
かなしかった。
おとうさんおかあさん
また一人になっちゃうから
土曜日の学どうはこまる。

〈指導〉飯田　晶子

ぼくはマジシャン

高知県宿毛市立橋上小学校
井上　そうま

九九のべん強をしていると、
左のそでから何かが出てきた。
うでをななめにすると、
黒くてむらさきの何かが出てきた。
なんと、その正体は、
ぼくのくつ下だった。
「なんで⁉」
と思った。
先生が、
「手じなみたいやねぇ。」
と言った。
「アハハハハハハ。」
さらちゃんと、ひろかちゃんが
わらった。
ぼくも、おかしくてわらった。
ぼくは、マジシャンだ。

『やまもも』

先生

茨城県取手市立六郷小学校
古矢　ゆな

わたしの先生は、元気いっぱい。
だじゃれをよく言ってくれる
おもしろい先生。
声が大きいので　はっきりしている
わたしのことを　ひざにのせてくれる
先生は、音読や字がじょうず。
先生は、とってもやさしい。
みんなをだいじにしてくれる
三年生になっても
先生のままがいい。

〈指導〉霜田　弘美

カブト丸のあな

東京都町田市立鶴川第一小学校
白石　そうぁ

ぼくのおうちには、
カブト虫のカブト丸がいます。
カブト丸には、
おしりにあながあります。
しらべてみると、
そのあなは、こきゅうきだそうです。
カブト丸は、
口じゃなくておしりから
こきゅうするんだなー。

〈指導〉永嶋　綾

かんちがい

長野県上田市立西小学校
東城　たくと

さん数でかさのべんきょうをした。
リットルというのを教わった。
ノートに
1L2L3Lと書くれんしゅうをした
ら
先生に
「じょうずだね。」
とほめられた。
べんきょうがおわって
つくえの前の方を見たら
Lと書いてあった。
いそいで先生に
「先生、ここにもL（リットル）があ
るよ。」
と言ったら
先生がにこにこして
「これはリットルじゃなくて
つくえの大きさをあらわす
L（エル）だよ。」
と言った。
よく見たら
一二〇～一八〇センチメートルと書い
てあった。
まちがえたと思った。

〈指導〉中野　由紀子

赤とんぼ

奈良県生駒市立あすか野小学校
今ほり　さほ

ぶんぶんなって
とんでいる
おおきい
おめめが
こちらを見ている
赤とんぼが
2ひきいて
はなしあって
いるようだ

〈指導〉緒方　甲

ふしぎなダンゴ虫

東京都町田市小山中央小学校
道菅　そよか

わたしが歩いているとき
ダンゴ虫がいた。
ちょっとびっくり。
でもかわいい。
そのときダンゴ虫
まえまわり
「うわー。」
ずーっと見ていたら
ならいごとをわすれてた
家についたら
しかられた。

〈指導〉大沼　晃也

作品をこう読んだ　〈二年生〉詩

【あした…】初めて一人でおるすばん。やばいぞ〜、やばいぞ〜、という言葉から、どうしようというドキドキする気持ちと、そして楽しみなワクワクする気持ちが伝わってきます。

【いとこの赤ちゃん】いとこの赤ちゃんに会い、感動と喜び、そして愛おしく思う気持ちが一文一文から溢れて伝わってきます。

【あたまに字がはいんない】国語が苦手というりとさん。でもこうやってすなおに書けていることがすばらしい。つぎの字に前向きにチャレンジする気持ちがまたすばらしい。うまくいくと気持ちが落ち着くというのもわかるなぁ。

【ぼくのおにいちゃん】足もはやくて、戦国時代にもくわしい、あこがれのおにいちゃん。いつかおにいちゃんみたいになりたいという気持ちがすてきです。

【いもうととケンカ】きょうだいげんかをして、お母さんにおこられた二人。もうおこられた者同士です。最後の一文の「いもうとをぎゅっとだきしめた」で、（その気持ちわかるよ。泣かないで。）というような妹を愛おしく思う気持ちが伝わってきます。

【先生あまえんぼうだ】りんかさんと先生の温かい会話がいいですね。先生がりんかさんに甘えているところがまたいい。最後の一文の「でももうちょっとやってもいいかな」で、りんかさんが先生のことが大好きな気持ちが溢れています。

【一人ぼっちの学どう】土曜日の学どう。まってもまってもお友達がこなくて、かなしいきもちですごしたゆいとさん。一人はさみしいからいやなんだという切実な気持ち、わかります。

【ぼくはマジシャン】なんと！うでからくつ下！？びっくりですね。先生の切りかえしがまたあたたかくおもしろい！その場の空気感まで伝わってくるようです。

【先生】ゆなさんの大好きな先生への思いが伝わってきます。こんなにほめられたら、先生もうれしいだろうなぁ。

【カブト丸のあな】カブト丸という名前がまず素敵。そして、カブトムシをよく観察して、発見して、調べていることがすばらしい！おしりの穴から呼吸をしているなんて、おどろきですね。

【かんちがい】よく机の前の方にあるLを発見したなぁ。そして、それをちゃんと先生に話したことで、リットルと大きさのLのちがいにも気づけた。まちがえた、と思わなくていいですよ。勉強はまちがえながら学ぶものなのだから。

【赤とんぼ】さほさんは、2ひきの赤とんぼが近い距離で飛んでいる様子をよく見ています。その2ひきはまるで、はなしあっているようにみえたんだね。

【ふしぎなダンゴ虫】そよかさんが、まえまわりするダンゴ虫を感動と驚きをもって、夢中で眺めている様子が目に浮かんできました。まさか、習い事をわすれるとは！でも、ダンゴ虫を眺める時間は大事な時間なのです。

〈文責〉武藤　あゆみ

日記・作文

小学三年生

一番の親友ができたこと

東京都町田市立忠生第三小学校
友田　せら

　三年生になって間もないころ、算数の授業が終わったあとの中休みに、前のせきの子が気になって、

「お前の名前なんていうの?」

と聞いたら、

「ひなだけど。」

と、こわがってそうな声で言われて、ちょっとがっかりしました。私も自こしょうかいしようと自分の名前を言おうとしたら、

「せらの名前はせらだけど。」

と言ってしまい、ひなに
「ごめん。もう名前言ってたわ。」

と、私が言って何となく友だちになっていました。

　次の日、私が学校に行くとひなに、

「おはよう。」

と言われて、ねむかった私があくびをしながら
「おはよう。」

と言うと、ひなに
「ねむいの?」

と言われました。私が
「本当にねむい。」

と言ったら、

「おきろ～。」

と言われてしまいました。その日の中休みにひなといっしょに一輪車をしました。それからいっしょにきそっちに行って遊んだり、学校の中休みや昼休みに遊ぶことがふえました。

　数か月後・・・。それからもいっしょに宿題をしたり、遊んだりがどんどんふえていき、親友になりました。

　私が一番心にのこっていることは、ひなと友だちになれてよかったことです。それと、もう三年生も終わり、四年生になります。ひなともっと仲良くなりたいです。

〈指導〉佐藤　歩

どじょうさん、ありがとう・・・

神奈川県私立湘南学園小学校
水しま　こう太ろう

十月二十三日の夜でした。かっていたどじょうの三びき目がしんでしまいました。一年生の時、学校のまつ下先生が用意してくださって、家につれて帰った三びきのどじょうです。三びきが元気なころは、エサを水そうの中に入れると、そのエサにみんながあつまって、食べてるところがかわいかったです。水かえの時には、どじょうをつかまえて、まず、べつのようきに入れます。そして、岩や石やじょう水きと水そうをあらって、どじょうをもとにもどします。そのときに、さわったどじょうの感しょくが気持ちよくて、すきでした。どじょうの水そうは、げんかんにおいたので、「いってきまーす!」「ただいま。」と声をかけていたりしました。

かい始めてから半年後の、一年生のさい後に、どじょうの一ぴき目がしんでしまいました。つぎの日に、庭にあなをほって、このどじょうをまいそうしました。のこりのどじょうは二ひきになりました。ぼくは二年生になりました。二ひきのどじょうは少しおおきくなり、なぜか、かっぱつに動くようになりました。前は、いつも水そうのそこの方で泳いでいたのに、このころは、水そうのまん中や上の方で、しっぽをゆらゆらして泳いでいました。そのすがたもかわいらしかったです。

この一年はぶじにすぎたなぁと思っていると、ある日一ぴきがひっくり返っていて、水そうから引き上げてみると、しんでしまっていました。そのどじょうも、前のどじょうのとなりのおはかにうめました。

ぼくは、もうどじょうはしんでほしくないので、今までよりていねいに、のこりの一ぴきのせ話をしていました。ところが、水かえした一か月後、そこの小さい石のところに、あながてきていて、その中にどじょうが入っていて、動いていません。どうしたんだろうと思って、どじょうを手の平にのせてみたら、しんでしまっていました。悲しくて、なみだがあふれて、ぼくはすごくないてしまいました。このどじょうも、前の二ひきと同じ場しょにまいそうしました。そして、水そうの石をそのあたりにまいておはからしくしました。一週間毎日、お線香をあげておいのりをしました。これで、天国に行ってくれたらいいなぁと思いながら、手を合わせました。

ぼくは、もう少し、長く生きてほしかったなぁと思っています。どじょうによって、ちがいはあるけれど、しらべてみたら、長いものは五年から十年くらい生きるそうです。どじょうをかいはじめる前に、いろいろしらべて、家ぞくと一しょにじゅんびをしましたが、何が悪かったのか?どんな風にしたらよかったのかな?と考えています。今後、きっとどじょうを見たり、どじょうの話を聞いたりしたら、ぼくは、ぼくの三びきのことが頭にうかんでくるんだろうなぁと思います。そういえば、えい語でどじょうのことをloach（ローチ）と言うのをしらべて、おぼえさせてくれたのも三びきのどじょうさんたちです。

どじょうさん、ぼくの家ですごしてくれてありがとう。そして、思い出をいっぱいくれてありがとう・・・。

〈指導〉山田　涼子

サイゼリヤでのできごと

東京都豊島区立目白小学校
うすい　みか

昨日じゅくの後、サイゼリヤでじゅん番をよばれるのをまっているとき、少しイライラしました。

なぜかというと、いつもは外にあるバスの形のベンチで遊んでいるからです。だから、今日も遊ぼうと思っていました。

しかし、今日は人がいたので遊べませんでした。それはべつに、ベンチはみんなが使う物なのでいいのですが、そこにすわっているおばさんは、飲食や長時間いることはダメと書いてあるのにおべん当を食べていました。そして、おべんとうを食べ終わったとき、わたしはみきに
「やっと遊べるね」

と言いました。妹も
「そうだね。」

と言いました。

そのときちょうど、

「うすいさん。」

とよばれました。わたしは小さな声で
「何でだよ。」

とひとり言を言いました。でもサイゼリヤはおいしかったです。

わたしは、ルールを守らない人にはなりたくないと思いました。

〈指導〉南　有紀

お父さんがいない日々

鹿児島県鹿屋市立笠野原小学校
和田　ひおり

ある日の夜に、お父さんから、

「お仕事場所が千葉にかわります。」

と言われました。前から、お父さんのお仕事場所が千葉か岩手にかわるかもしれないということを聞いていましたが、まさか本当にかわると思っていなくて、わたしは思わず泣いてしまいました。家族みんなで千葉に行くことも考えましたが二・三年くらいと聞いて、友だちとわかれるのもさみしいし、この家から出たくないと思い、お父さんだけ行くことになりました。

三月十四日がお父さんが千葉に出発する日でした。空こうに着くまではいつもとかわらない感じでしたが、お父さんがほあ

んけんさ場に行くと、きゅうにさみしくなって、

「はなれたくないよ。さみしいけど、行ってらっしゃい。」

とお父さんに言うと、お父さんは、

「がんばろうね。行ってきます。」

と言って、とうじょう口にむかっていきました。わたしはなみだが止まらなくなりました。


お父さんが千葉に行ってからは、夜にタブレットでビデオ通話をしているので、そのときになると気持ちがわくわくしました。わたしは、あまりタブレットではうまくしゃべれないけれど、お父さんを見ることができ、声が聞こえるだけで、すごくうれしいです。

お父さんが千葉に行く前も、朝と夜と日曜日ぐらいしか一しょにいなかったけれど、今はその朝と夜もいません。三人でごはんを食べると少ししずかだし、りょうもしゅるいも少なくなりました。三人でねると、ねる場所は広くなったけれど、お父さんと一しょに同じ場所でねれないので、さみしいです。家でかっているメダカのお世話もうまくできずに、何びきか死んでしまいました。お母さんからしかられたときもなぐさめてもらえません。家族みんなさみしい気持ちでいっぱいです。

でも、わたしはお父さんがいなくても、習い事や学校、家のお手つだいをがんばっています。さい近は、お父さんが一ヶ月に一回帰ってきてくれるので、一しょに遊ぶことができます。三日間くらいしかいないけれど、ドッジボールの練習をしたり、おしゃべりをしたりする相手が多くなってもり上がります。


わたしは、お父さんに早く帰ってきてほしいです。やさしくて、たよりになって、おもしろいお父さんが大すきだからです。お父さんが帰ってくるのは、わたしが五・六年生になるころぐらいと言っていました。少し長いなと思いましたが、帰ってくるまでにお父さんをびっくりさせるような五・六年生になります。お父さんがいなくても、友だちや家族ともなかよくします。お父さんがいなくて大へんなお母さんのお手つだいをもっとたくさんします。そして、お父さんに、

「お帰り。」

と言える日がくるのをずっとまっています。

〈指導〉的場　保博

屋根うらの部屋から落ちたこと

北海道コープさっぽろ作文教室
坂上　洸介

ぼくは友だちの晴の家で、おにごっこをしていた。全部で四人だった。二階のしんしつににげたら、かべにはしごがあって、のぼると小さい屋根うら部屋のような物があって、そこにのぼることにした。よく見るとしんしつのかべにピンクのカーテンのようなものがあって、そこは一階の天じょうにある小さな遊び場とつながっていて、晴をよんでみた。晴はピンクのカーテ

ンからひょっこり出てきて、

「何?」

といって左右を見た。ぼくが、

「上・・・」

といったら、うえをむいて、

「あ、いた。」

といった。すると、晴はピンクのカーテンから出てきて、小さな屋根うら部屋に登ってきた。

そして、三人目のにげている人も、しんしつにきた。名前はゆうとといって、ゆうとも、小さな屋根うら部屋に登ってきた。

しばらくたって、おにがきた。おにの名前は、しんじろう。そのしんじろうは、はしごを登って来た。すると、ゆうとが足のクサイにおいでしんじろうをはしごから落とした。

そして、そのうちにはしごでおりて、にげた。晴は屋根うら部屋から、ワイルドにとびおりた。ぼくはそれを見て、ぼくもとびおりた。けど、下にベッドがあったとはいえ、すごくいたかった。こしと足をうった。あしをかるいねんざをした。

〈指導〉高津　知子

あきらめずにがんばったこと

鈴木　佑望
愛知県幸田町立幸田小学校

わたしは、夏休みの運動でなわとびをすることにしました。なぜなら、なわとびは、雨の日でもカーポートで毎日できるからです。

また、二年生のときにやったなわとび大会で、二重とびをれんぞく二十回、三十回とんでいる子を見て、わたしもたくさんとべるようになりたいと思ったからです。

夏休みさいしょの日、ひさしぶりに二重とびをとぶので、何回とぶことができるか心配でした。とんでみると、三回しかとべませんでした。次は、上へ高くとぶことに気をつけたら、七回とべました。わたしを見ていた弟も、二重とびをはじめました。弟は、一回しかとべませんでした。

「どうやったら、れんぞくでそんなにうまくとべるの。」

と、弟が聞いてきたので、わたしは、少しうれしくりました。弟にたよられて、自分が上手な人になれた気がしたからです。

「つま先で、軽くジャンプするといいよ。」

と、弟に教えてあげました。なぜなら、弟がとぶと、ドスンドスンとジャンプをしていたからです。わたしもドスンドスンとジャンプをして、なかなかれんぞくでとべなかったときがありました。そのときお母さんが、

「つま先でとんでみたら、いいんじゃない。」

と、アドバイスしてくれたことがあったので、それを思い出して弟につたえました。

その後、弟といっしょに、毎日練習をしました。わたしは、

気づきました。一つ目は、なかなかれんぞくでとべないときでも、休けいをとれば、十回い上とべることです。きっとつかれると、高くジャンプができなくなり、足がなわに引っかかるからだと思います。二つ目は、なわとびのひもの長さを短くすると、とびやすくなることです。長い方が回す力がいるので、短い方がうでがつかれないからだとお母さんが教えてくれました。

何日かたったある日、弟が二重とびを十一回とべました。わたしはおどろいて、

「すごい。どうやったら、そんなにとべるようになるの。」

と聞きました。

「わかんないけど、とべるようになった。」

と、弟が答えました。すごいなと思いました。

少し前まで、一回とぶのでさえ、しゃがんでやっととんでいた弟が、今では十一回もとべるなんてうらやましく思いました。弟にぬかされると思って、わたしはあせりました。十回い上とんだことは、少ししかなかったからです。とにかく、まっすぐ上へ高くとぶことを意しきして練習を重ねました。それでもなかなか十回い上、とぶことができませんでした。

ある日、お母さんが十五回とべました。

「すごい。どんなことを意しきしてとんでいたの。」

と聞いてみました。

「足をそろえるといいかも。」

と教えてくれたので、それを意しきしてとんでみました。すると、十五回もとべました。思わず、

「やった。やっととべた。やっぱり足をそろえるととべるよ。」

と、こうふんしてさけんでしまいました。ずっと目ひょうにしていた十五回をとぶことができました。もう一度とんでみると、今度は十八回もとべました。

「え、佑望、すごいじゃん。」

と、お母さんが言いました。弟も、

「え、やば。佑望、十八回できた。」

と言ってくれました。あきらめずにがんばってよかったと、すごくうれしくなりました。

わたしは、この夏休みにやったなわとびを通して、毎日やりつづければ、できなかったこともできるようになるということが分かりました。

次は、二十回を目指して。引きつづき一日十回はなわとびをしていきたいです。

『村の子』

がんばれ、お母さん

奥村　虹心
青森県弘前市立城東小学校

「今度、たこやき屋、始めるよ。」

お母さんが言った言葉に、わたしはびっくりしました。えっ、

たこやき屋、うまくいくのかな。ふ安な気持ちと、ちょっと楽しみな気持ちになりました。

　家族でお店について話し合いました。お店では、たこやきとだがしを売ることになりました。だがしを売るのは、子どもも大人も集まる店にしたいと、お母さんが考えたからです。みんな大さんせいでした。でも、わたしは、お母さん一人でお店をやって大じょうぶなのかと思いました。だから、

「おじいちゃんもお店を手つだったらどう。」

と、おじいちゃんに言いました。すると、

「うん、いいな。」

と、おじいちゃんが言ったので、わたしは、やったあと思いました。おじいちゃんがお店に出たら、きっとお店がにぎやかになるだろうと思ったからです。

　次に、お店の名前を決めました。お母さんが、

「『たこやき・だがし・のん』にしよう。」

と言いました。「のん」とは、お母さんが友達によばれているあだ名です。わたしは、お母さんの名前が入っている店の名前がとても気に入りました。お母さんのお店だし、目立つから、お客さんがたくさん来てくれそうだと思ったからです。

　お店のちらしもできました。おいしそうなたこやきの写真が入っているちらしです。

「たこやき屋さんやるから来てね。」

　わたしは、友達にちらしをわたして、みんなにせんでんしました。

「行く、行く。」

と、みんなが言ってくれたので、うれしくなりました。

　家族でお店のじゅんびをしました。わたしは、お店の前にはたを立てました。お客さんがたくさん来ますようにと、心の中で思いました。

　いよいよ開店の日。わたしはお昼にお店に行きました。お客さん、来ているかな、一人も来ていなかったらどうしよう。お店に近づくと、心ぞうがばくぱくしてきました。

「こんにちは。いらっしゃい。」

　お母さんの声が店の外に聞こえていました。中に入ると、お客さんがたくさんいました。わたしはほっとしました。一人来たら、また一人と、ずっとお客さんが続きました。

「ふう。」

　お母さんは、お客さんを待たせないように、急いでたこやきを作っていました。

「おいしそう。」

「早く食べたいな。」

たこやきをもらったお客さんが言っていました。わたしは、お母さんよかったね、と思いました。お母さんはとてもうれしそうでした。

　たこやき屋の部屋のおくで、おじいちゃんが、だがしを売っていました。

「三百十五円です。」

わたしは、だがしをふくろに入れたり、お金を計算して、をわたしたりする手つだいをしました。お金をまちがうと大へんだから、とてもきんちょうしました。

開店の日は、午後五時に店をしめました。終わった時、へとへとだったけれど、みんなえ顔でした。わたしもすごくいい気持ちでした。

これからも、お母さんの店にお客さんがたくさん来るといいです。わたしもたくさん手つだっていきたいです。心の中で、いつもおうえんしています。

「がんばれ、お母さん。」

『ひろさき』

こんなところに！

神奈川県藤沢市立長後小学校
阿部　翔弥

これはある日のこと・・・。ぼくは、しょう南台公園に歩いて行くとちゅう、コーヒーカップがある公園によって、ベンチでおにぎりを食べることにした。

つかれていたので、くつをぬいですわった。おにぎりを食べるのがへたなぼくは、手がねちょねちょのベタベタになってしまったので、手をあらいにいこうとくつをはいた。でも、めんどうくさいので足のつま先だけを入れて、半分だけはいていった。

すると、足になにかささった気がした。くつの中を見てみると、そこにはなんとカブト虫が入っていた！カブト虫がくつの中にいたのだ！もうパニックパニック！おどろいた。ぼくみたいな、めんどうくさがりじゃなかったら、カブト虫はペットボトルをつぶすみたいに、バキッ、バキバキキッてつぶされていたかもしれない。

うん命だと思って、そのカブト虫は家につれて帰ることにした。それから十日ぐらいで、しんでしまったけれど、こんなびっくりすることがあるなんて！と今でもおどろいている。

こんなこともあるんだって教えてくれてありがとう。ぼくは、また来年あの公園にカブト虫やクワガタ虫をつかまえに行こうと思った。今度は虫かごを持って。

『わかふじ』

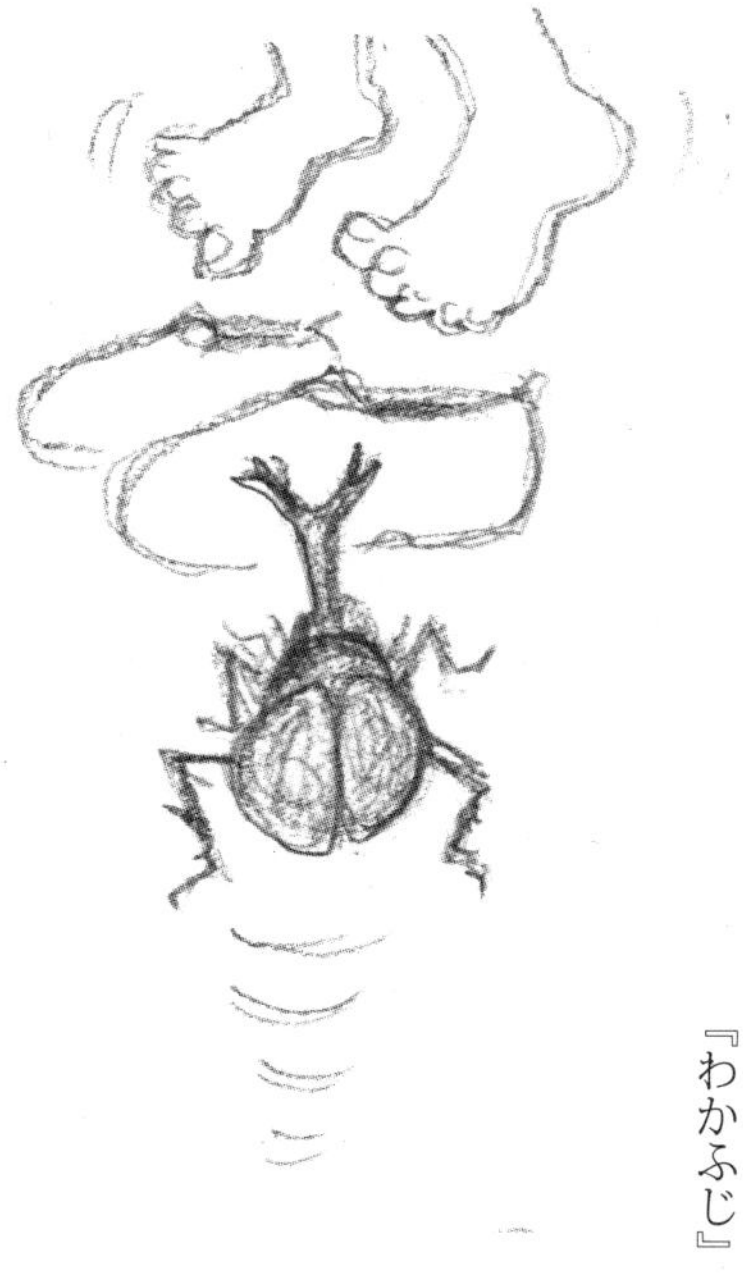

作品をこう読んだ

〈三年生〉日記・作文

【一番の親友ができたこと】自分が話した言葉に怖がってそうだなと感じたせらさん、感受性が豊かなんですね。なんとなく友達になった後、「おきろ～」とひなさんに返されてからは、二人の距離がぐっと近づいた気がします。自分のことを飾らずに、話していくと、自然に友達になれるのだと思います。

【どじょうさん、ありがとう・・・】

げんかんのどじょうに、毎日「いってきまーす」「ただいま」の言葉をかけていたことから、とても可愛がっていたことがわかります。だから、三匹目のどじょうがしんでしまったときは一週間毎日お線香を上げて手を合わせるくらいつらかったのでしょう。きっと、どじょうさんにもこう太ろう君の思いは通じていますよ。

【サイゼリヤでのできごと】いつも、塾の後、外のベンチで友達を遊ぶのが楽しかったんですね。でも、そこに長時間ベンチを占領しているおばさんがいる。「飲食や長時間いることはだめ」と書いてあるのに、みかさんには許しがたいことだったのでしょう。最後の一文「わたしは、ルールを守らない人にはなりたくない」の言葉にそれが表れています。

【お父さんがいない日々】お父さんが単身赴任をするため、搭乗口に向かっていくときのさみしい気持ちが伝わってきます。お父さんがいなくなってからもずっと、さみしい気もちは続いているのですよね。お父さんがいなくても、お母さんのお手つだいをもっとたくさんすると、自分に言い聞かせているのですね。

【屋根うらの部屋から落ちたこと】友だちの家で、おもいっきり、遊んでいたのですね。ゆうとくんが（足のくさいにおいでしんじろうをはしごから落とした。）というところ、笑っちゃいました。はる君をまねてとびおりたけど、本当は痛かったんですね。でも楽しい思い出！

【あきらめずにがんばったこと】夏休みになわとびを選んで頑張った毎日を順に思い出して書きました。何日かたったある日、急に弟が十一回飛べるようになりました。あせったことでしょう。そこで、お母さんの「足をそろえる」というアドバイスがきいて、十八回飛べるようになりました。あきらめずにがんばってよかったね、仁望さん。

【がんばれ、お母さん】たこやき屋をやることになったお母さん。お店の名前を決めたり、チラシを作ったりする様子を見て心配する虹心さんはやさしいですね。開店の日は、だがしを袋に入れたり、お金を計算してわたしたりする仕事を手伝いました。これからも、お母さんをおうえんしてくださいね！

【こんなところに！】なんと、くつの中にカブト虫がいた！めんどくさがりで、くつをつま先だけ入れて、半分だけはいていった翔弥くんだから、カブト虫は生きていたのです。それってすごいことですよ。めんどうくさがりも役に立つ！

〈文責〉担当者　森　朋子

詩

小学三年生

〈指導〉佐藤　歩

妹のギュー

鹿児島県鹿屋市立笠野原小学校
上船　華

わたしは
夜ねようとしたら
妹に
ギューッとされます。

「しないで。」
と言っても、
ずっと
ギューッとしてきます。
「お父さんに言うよ。」
と言っても、
「いいよ。」
と言って、
お父さんをつれてくると、
ずーっと
ふとんにかくれています。

〈指導〉的場　保博

わすれた

東京都町田市立忠生第三小学校
波照間　颯心

学校が終わって家に帰ったら、
げんかんにお母さんがいた。
「こうすけは。」
と言われた。
そして思い出した。
今日はこうすけと帰る日だった。
すぐに走って学校にもどった。
こうすけがいた。
顔だけでおこってるのがわかった。
こうすけになんて言おう…。

ママからのプレゼント

高知県四万十市立中筋小学校
西脇　怜南

ママからプレゼントしてもらった
はじめてのコンパス
きれいな丸がうまくかけずに
どうしてもかくかくしてしまう
「コツはコンパスをななめにすること
そこからだんだん上げていくがで」
パパがうまくかけるコツを
教えてくれた
パパがかっこよく見えた
パパのわざを使うと
すぐに上手に丸がかけるようになった
コンパスでかくのが

前より楽しくなった
それから二コちゃんも一つ目小ぞうも
どんどんかけて、楽しくてたまらない
コンパスの勉強、まだかなあ

『やまもも』

おふろそうじ

いながき　えな
東京都豊島区立目白小学校

夜、おふろそうじをした
一年くらい前に
やり方を教えてもらった
最初はシャワーでかべを洗いながし
スポンジで上から下へ洗っていく
ゴシゴシときれいに洗う
そのあとに水をとる
キュッキュッキュッといっている
これが一番楽しい
そして終わったとき、
いつも小さい声で
「終わったー」
という
お母さんがよろこんでくれるから
（次もやろう）と思える

〈指導〉南　有紀

味方

根末　ここな
長野県長野市立若槻小学校

私が兄に何か言われてる時、
お母さんは
私の味方になってくれる
兄はがんばって
立ち向かっているけれど、
お母さんには
やっぱり　かてない
そして、ついに
兄が泣いた
そういう時
兄をなぐさめてくれるのも
お母さんでした

お母さんは
私と兄　両方の
味方です

〈指導〉戸澤　有希

大へんだったしょうがのしゅうかく

中内　奏恵
高知県日高村佐川町学校組合立加茂小学校

朝五時に起きて
みんなで車に乗って出発した。
一面の青々とした畑。
お父さんとおじいちゃんが、
しょうがをかまで切る一方から、
わたしと弟は、くきをはさみで切った。
切っても切っても終わらない。
みんな、む口でもくもくと、
でも終わらない。
すわっていたけれど、
かたがこった。
足もいたかった。
だらだらあせがたれた。
ぷうんと、手からしょうがのにおい。
しょうがのしゅうかくが

やっと終わった。

『やまもも』

あつい夏

長野県大町市立大町北小学校
なおえ　ゆうき

今年の夏はあつい。
六月には、
つゆがあけたとみんな言う。
ニュースでは、
「しじょうさいそくのつゆあけ。」だと、
言っていた。
七月になって、
ギラギラする太陽にあたりながら
学校の行き帰りをする。
ランドセルが
今にももえ出しそうだ。
家に帰ると、
お茶をかた手にしゅく題。
これから先もあつくなるだろうな。
まだ夏ははじまったばかりだ。

〈指導〉原　拓男

お兄ちゃん

青森県弘前市立城西小学校
泉谷　佳音

ないしょだよ
ゲームが大すきすぎて
やめられないこと
お母さんをおににさせているの
ないしょだよ
それでもお母さんが大すきで
いつもだっこされていること
ないしょだよ
そんなお母さんより体が大きいこと
ないしょだよ
あの大きい体のひみつは
山もりごはんだということ
ないしょだよ
そんなお兄ちゃんのことが
わたしは大すきだってこと
ぜったいないしょだよ
お兄ちゃんの見ていないところで

こっそりこれを書いていること

『ひろさき』

ぼくのカブト虫

長野県長野市立三本柳小学校
とくずみ　こうき

カブト虫をもらったよ。
よう虫をもらって
だんだん大きくなってきたよ。
よう虫がカブト虫になってきたよ。
名前を付けました。
一人目はライトくん。
二人目は、ロキくん。
メスの名前は、るりちゃん。
カブト虫は、よくとんだりします。
とぶとき、羽がかっこよくとぶよ。
るりちゃんは、
とぶとき、めっちゃわかりやすいです。
なぜかというと、上を向いて、
羽がひらいてとぶからです。
カブト虫は、おしっこをよくするよ。
カブト虫のおしっこは、

歩きながらするよ。
カブト虫のうんちは、黄色いです。
そしてだんだん
カブト虫が多くなりました。

〈指導〉小林　文美

雲のきょうそう

東京都町田市立藤の台小学校
佐々木　源

理科の時間に虫をとりにいった。
虫をとりおわって
かんさつしたあと
教室に帰ろうとしたら
先生が
「雲のうごきがはやいよ。」
と言った。
ぼくも空を見上げると
ほんとうに雲のうごきがはやかった。
するとだれかが、
「雲がきょうそうしている。」
と言った。
みんなが
「ほんとうだ。」
と言った。
ぼくも
「ほんとうだ」
と言った。

〈指導〉杉野　千陽

ぼくのバイト

高知県土佐市立波介小学校
長尾　蒼空

ぼくはおばあちゃんから
バイトのいらいを受けました。
それはバッタとりのアルバイトです。
お兄ちゃんが山に植えている
みかんの木の新めを食べるバッタを
ほかくするにんむです。
山に着くと、みかんの木に
たくさんのバッタがとまっていました。
ぼくは、バッタを
つぎつぎに鳥かごに入れました。
二時間かけて
バッタをせいあつしました。
かごの中を見ると
百匹いじょうのバッタがいました。
お母さんは、
「キャー!」
と言いました。
そのバッタは、おばあちゃんと軽トラ
で　川の近くの草むらにがしました。
ぼくのバイトはかんりょうしました。

『やまもも』

かめむしハンター

青森県西目屋村立西目屋小学校
工藤　颯琉

秋が来た。

かめむしもやって来た。

いっぱい、いっぱいやって来た。

教室のまどや、カーテン、ゆかにいる。

「そうるさん、おねがい。」

「こっちも、こっちも、とってくれ。」

きらわれ者のかめむしも、
ぼくにかかれば、いちころだ。

「ちょっとまってて、じゅん番に。」

「きゃあ、とんだ。」

「大じょうぶ、今行くから。」

かめむしのいる所にかけつけるぼく。

「ありがとう、助かったぁ」

みんなに感しゃされるぼく。

人よんで、かめむしハンターだ。

おぼん係りもやっているけど、
秋は、かめむしハンターだ。


『ひろさき』

妹と遊びたい

横井　奏佑
愛知県幸田町立深溝小学校

二才の妹はまだまだ赤ちゃん
大すきなのは
アンパンマンの人形
おままごとセット
ぼくはもう
アンパンマンにもおままごとにも
きょう味はないけれど
妹に手をひっぱられて
仕方なく
アンパンマンの人形で遊ぶ

妹は話せるようになってきた
遊んであげないと
「やだ。」
と言って
アンパンマンの人形を放り投げてくる
ぼくはまだ
宿題やテレビゲームを
やっているけれど
妹がおこるから
仕方なく
アンパンマンの人形で遊ぶ

ある日ぼくはかぜをひいた
そのときも
妹は勝手にぼくの部屋に来て
わらいながらぼくを遊びにさそった
ぼくはかぜをひいている
部屋に入れてあげなかったら
妹はないておこった
妹がかわいそうだったけれど
妹にかぜはうつせない
ぼくはおしいれの中にかくれた

いつも仕方なく
アンパンマンの人形で遊ぶけれど
妹がにこにこわらうから
ぼくもにこにこえがおになる
ないている妹の声を聞くと
ぼくも悲しくなってくる

「遊んであげなくてごめんね。」
「かぜがなおったら遊ぼうね。」
おし入れの中で
何度も何度もくりかえした
早く妹と遊びたい

『村の子』

作品をこう読んだ

〈三年生〉詩

【妹のギュー】妹はお姉さんが大好きなのですね。作者も、「面倒くさい」と思いながらもそんな妹がかわいいと思っている気持ちがよくわかります。

【わすれた】思わず弟と一緒に帰ることを忘れてしまった作者。いつも弟のお世話をしているのですね。弟と仲良しなことが「顔だけ…」からもわかります。

【ママからのプレゼント】むずかしいコンパスの使い方を、ママやパパから教えてもらって、上手に丸が書けるようになってうれしいね。コンパスの勉強が待ち遠しくてたまらない作者の気持ちがよく伝わる詩です。

【おふろそうじ】おふろそうじが作者の毎日取り組んでいる家事なのですね。仕事の中に楽しみを見つけているところもいいですね。お母さんは大助かりでしょう。

【味方】作者とお兄さんとのけんかの場面で味方してくれるお母さん。そして、泣いてしまったお兄さんをなぐさめてくれるお母さん。あなたは公平によく見つめています。頼りになるお母さんです。

【大へんだったしょうがのしゅうかく】家族の一員として大事な働き手となっています。朝五時からの作業で一人一人がそれぞれの持ち場で一生懸命働いている。生姜の収穫を通して家族の絆が伝わります。

【あつい夏】今年の夏も暑かったですね。学校の行き帰りがつらいですね。「もえだしそう」なランドセルには実感がこもっています。

【お兄ちゃん】大好きなお兄ちゃんをどう詩で表現しようかと、この表現方法を選んだ作者の思いが伝わってきました。楽しくて、読んでいて思わず微笑みが浮かびます。「ないしょだよ」のくり返しが効果的ですね。

【ぼくのカブト虫】カブト虫が大好きな作者です。よう虫から名前をつけて、大切に育てていたのですね。とび方やカブト虫の生態のことなどをよく観察しています。

【雲のきょうそう】授業中のふとした会話から生まれた詩。みんなで空を見上げ、雲を見つめ、ホッとする大切な時間です。詩にしたから、その時のことをずっと記憶できます。

【ぼくのバイト】バッタがみかんの新芽を食べてしまうと初めて知りました。とったバッタを草むらににがしてあげるとは、なんて、生き物にやさしい行為だろうと感心しました。

【かめむしハンター】どこでもきらわれ者のかめむし。作者は、クラスのみんなに頼りにされているかめむしハンター。教室の様子が目に浮かぶ楽しい詩です。

【妹と遊びたい】妹を大切にしている作者の日常が目に浮かぶ詩です。おし入れにかくれてまで、妹を守ろうとするお兄ちゃんの気もちが、愛おしく伝わってきました。

〈文責〉伊藤　久美子

日記・作文

小学四年生

みかんがやってきた

東京都町田市立鶴川第二小学校
齊藤　禾苗

朝、先生が、祭りで見かけるふくろをもっていた。よく見ると、中に金魚がいた。みんな先生のつくえに来た。先生が、

「道に落ちていてかわいそうだから拾ってきました。」

と言っていた。みんなおどろいていた。

名前をつけることになった。始めぜんぜん名前が思いつかなかったけど、むら元さんが、

「わたしは、みかんがいいと思います。理由は、オレンジ色でみかんもオレンジ色だからです。」

と言っていた。そのときいい名前が思いついた。手を上げたらあててもらえてぼくは言った。

「ぼくは、いくらがいいと思います。理由はむら元さんとにてオレンジ色だし、いくらは魚のたまごだからいくらがいいと思いました。」

と言った。

「でもむら元さんの考えもいいかもな。」

と思いました。

なかなかきまらなくて多数決になった。

「いくらになってほしいな。」

とずっと思っていた。

「いくらがいいと思った人は、手を上げてください。」

手を上げたとき、

「どうかな。どうかな。」

と思った。

司会の人が、

「顔を上げてください。結果はみかんに決まりました。」

ぼくはびっくりしたけど、

「まあいっか。よろしく、みかん。」

と思ってみかんをみました。

〈指導〉坂田　桃子

寿限無

東京都東久留米市立東久留米第九小学校
花畑　芽生

十月の半ばごろ、寿限無のオーディションが始まりました。わたしは、

（おかみさんをやってみたいな。）

と思いました。家で台本を見て、

（セリフが多いな。）

（おぼえられるかな。）

とふあんになりました。

そして、オーディションとう日。わたしは、ゆいはや、たけ田まいちゃんがいて、

（オーディションうからないかも。）

と、ふあんに思いました。

セリフが言い終わって、うかるか、きんちょうしながら待っていました。五時間目、内体育のときに、ゆいはに、

「だれがおかみさんになったの？」

と聞きました。ゆいはが、

「めいちゃんだよ。」

と言ってくれました。うれしくてうれしくて、とてもよろこびました。

練習とう日、さいしょは、声があまり出なくて、

（これじゃあ、おかみさんになれたのに、へたのまま終わっちゃう。どうしよう。）

と思いました。でも、日に日に声が大きくなっていきました。

だんだんなれてきたころ、三年生や、六年生、二年生に見せる、というのがあり、最初に三年生に見せました。セリフを言っている時、

「ちょうきゅうめいのっっっちょうすけ。」

わたしは、息切れしてしまい、へんなふうになってしまいました。それでわたしは、気づきました。わたしは、大きな声を出しながら、長い文章を読めないということです。

わたしは、息つぎをがんばりながら、大声でセリフを読むことを目標に本番をむかえました。子ども役の人たちが寿限無の名前を言い終わって、わたしはぶたいに立ちました。親が見ていると思うと、はずかしくなりました。心ぞうの音が、よく聞こえていました。

「ちょうきゅうめいのちょうすけ。」

「まったぐ朝ねぼうでこまったもんだ。早く行きなさい！」

セリフを言い終わった今でも心ぞうの音が聞こえました。

家に帰ると、おばあちゃんが、

「うまかったよ。」

と言ってくれました。

〈指導〉平山　光子

お別れ

埼玉県狭山市立狭山台小学校
中川　漣

一月二十二日、日曜日にサッカーの練習に行きました。いつも通りやって、練習が終わりました。コーチの話も終わり、友達が全員を集めて、話をしました。友達が、

「今までありがとうございました。」

と言いました。その子は、ぼくが入ったころからずっといた子でした。グラウンドは一気に静かになりました。その時ぼくは、

（信じられない。）

と思いました。

　その後にプレゼントをわたしてくれました。友達が、

「全員で写真をとろうぜ。」

と言いました。全員が集まり、お母さんたちがスマホをかまえて、

「はい、チーズ。」

と言ったときに、ぼくはつい泣いてしまいました。

　ぼくは終わった後も信じられなくて泣きながら車の中にいました。友達がドアを急に開けて、

「コンポタを飲んで元気出せ。」

と言い、ぼくはコンポタを飲みました。すごくおいしかったですし、なみだは止まりました。

　最後に、もうお別れをしてしまう子と二人で写真をとりました。

　その子が、

「今までありがとう。」

と言ってくれました。

　ぼくは、車に乗り、お別れが悲しすぎてこらえられず、また泣いてしまいました。パパが、

「大丈夫だよ。」

となぐさめてくれました。

　すごく悲しいときでした。

　これを書いていたら、また少し、泣いてきちゃいました。

〈指導〉茗荷　麻有佳

カマキリの飼育

青森県弘前市立城東小学校
福士　竜大

　とても天気のよい九月の日曜日。ぼくは、家族みんなで岩木山のほうにドライブに行きました。スカイラインを登り、八合目の駐車場から見た美しい景色。空はすんでおいしい空気をうんと吸いこみ、とても気持ちのいい一日でした。ドライ

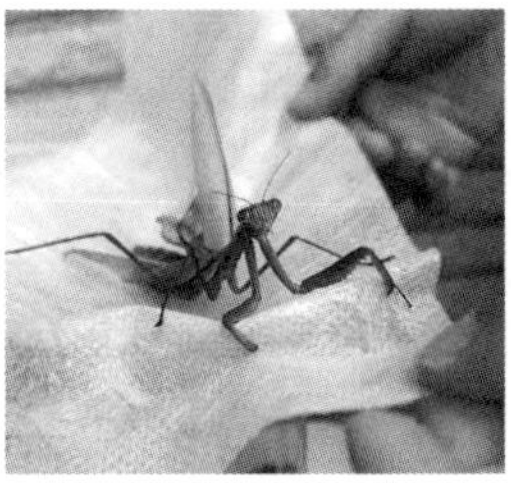

ブの途中に、ふもとの公園で遊びました。姉といっしょにブランコに乗ろうとしたら、柱にオオカマキリのメスがくっついていました。後ろからそっとつかまえると、ぼくの手をかまではらおうとしてひっかいてきました。ぼくは持ってきた虫かごにその大きなカマキリを入れました。そう、そのカマキリを今ぼくは飼育しています。

家に帰ると、さっそくカマキリのすみかを作りました。できるだけカマキリにストレスを与えないように環境作りをしようと思いました。

そこで、ユーチューブでカマキリの飼育動画をさがし、何度も何度も見て、それを参考にして自分で飼育ケースを作ることにしました。

まず、虫かごをたてに置きます。けっこう大きめのプラスチック水槽です。立てると高さは六〇センチメートルくらいになります。カマキリは、高いところによくいるそうなので、立てて置くことにしました。底に土をしきました。内側にはネットをはって、登りやすいようにしました。

次に、セイタカアワダチソウを半分に折って虫かごに立てかけるように入れました。さらに、広い野原をイメージして、イネ科の植物を何種類か底の土に植えました。

できあがった部屋に、カマキリを入れました。最初はおどろいたのか、だまっていましたが、しばらくすると、あちこち動き回るようになりました。

でも、これだけではだめです。カマキリは肉食ですので、トンボやチョウ、バッタなども入れなくてはなりません。近くの原っぱからバッタをとってきて入れました。この時期のメスは、産卵に向けて食欲おうせいです。

さらに、カマキリは水を飲みます。だから、虫かごの内側全体にきりふきで水をかけてあげました。すると、草の上や自分のかまについた水玉を上手に飲んでくれました。

飼育を始めて一週間くらいすぎたころです。虫かごをのぞいてみると、白いシュークリームのようなわたが草のくきについてありました。卵です。うすい黄色をしているのは、白いわたの中に黄色い卵がたくさん入っているからです。あたたかいあわに包まれて、寒い冬を乗りこえられます。卵を産んだ後も、えさのバッタを元気にもりもり食べていました。産卵によほど体力を使ったのだと思います。

カマキリにはいろいろな種類があります。チョウセンカマキリやハラビロカマキリ、コカマキリ、ぜつめつきぐ種になっているウスバカマキリなどです。それぞれ、かまにいろいろなもようがあったり羽の色がちがったりと、特ちょうがあります。ぼくが特に好きなのは、ヒナカマキリという日本最小のカマキリです。落ち葉の上にひっそりとくらしているそうです。

こんなにたくさんの種類のカマキリが日本にいることを知ったときは本当にびっくりしました。特にぜつめつきぐ種は、ぜつめつしてしまわないように、すむ場所を増やしていかなければならないと思いました。そのためにも、ごみのポイ捨てや、むだづかいなどをしないように気を付けたいと思います。

卵を産んで二週間後、ぼくのカマキリは少し動きがにぶくなってきました。カマキリの成虫は、冬をこすことはできません。もうすぐじゅみょうがくるのは分かっていますが、一日でも長く生きられるようにこれからも世話を続けたいと思います。そして、来年の春、元気な子どもたちが生まれてくることを楽しみにしています。

『ひろさき』

四年目をむかえたカブトムシし育

坂本　悠人
神奈川県藤沢市立長後小学校

小学一年生の時からカブトムシをかっています。その間、さまざまな出来事がありました。

一年生の夏。カブトムシをかうことになったきっかけは、お父さんがよく行くガソリンスタンドから、オスのカブトムシを一ぴきもらってきてくれたことが始まりです。数日後、ぼくも、いっしょにガソリンスタンドに行ってもう一ぴきもらいました。さらに、よく行く図書館で、メスのカブトムシを二ひきもらって、計四ひきになりました。

かい始めて二週間後のある日、カブトムシのマットをかえようとしたら、たまごが見つかりました。数えてみたら二つのペアでなんと七十三こもありました。たまごは、二週間位たつとよう虫になり、何回かだっぴをくりかえして大きくなっていきます。よう虫の時は、マットを一ヶ月に一回位こうかんします。六月になるとさなぎになり、三週間位で成虫になります。

一年目は、家の中でかいました。家の中でかっていると、いろいろなことがおこりました。コバエが発生して、家族の食べ物の中に入ったり、いろいろな所に飛んでいったりして、コバエは家族のめいわく物でした。成虫になるとケースの中で、元気に飛んでくれるのはうれしいのですが、飛ぶ音がうるさかったのと、自分からだっそうしてしまいカーテンを登っていたりゆかを歩いていたりしたので、次からは、外のげんかん前でかうことにしました。

二年目は、オスとメスのペアは一つにしました。たまごは四十二こ位でした。そのうち、成虫になったのは、二十五ひき位でした。

ある日、えさのゼリーを取りかえようとしたら、エサの上にメスがいて、そのメスからおしっこみたいな液体をひっかけられました。そのメスは、「今は食事中だ。じゃまするな。」と言っているように思いました。

三年目は、三十二こ位のたまごがうまれてきてくれました。時どきよう虫の様子を見てみると、元気に動いているみたいで、土の上に出ている事がありました。

　四年目をむかえた今年の夏、成虫になったのは、十二ひきぐらいでした。「これまで、たくさん成虫になったのに、何で今年は成虫にならなかったのだろう。」と思って、その原いんを考えてみました。ぼくは、去年から習い事を始めて、今までよりマットをこうかんする回数が少なかったから、えいようがあまりなくなってしまったのだと思いました。死んでしまったよう虫やさなぎを見てかわいそうだと思いました。なぜかというと、ちゃんとした体ではなく、足がとちゅうまでしかはえていなかったり、カブトムシの体にカビのような物が生えていたりしたからです。

　生き物をかうのは大変だと思いました。ちゃんとお世話をしないと死んでしまいます。カブトムシをかってみて、生き物には「命」があって、大切にしないといけないことを学びました。

　カブトムシをかうのは、今年で最後になると思うけれど、これからも、こん虫のことにきょうみを持って、観察して新たな発見をさがしていきたいと思います。


『わかふじ』

くやしかったマラソン大会

白川　結惟
愛知県幸田町立豊坂小学校

「ああ、くやしい。五位だ。」

　二年生のマラソン大会。わたしは一年生のときよりおそくなってしまった。ぜっ対に三位以内に入りたかったのに。わたしはなみだをこらえるのにひっしだった。三年生のマラソン大会では、ぜっ対に一位をとるぞと、そのとき決心した。

　くやしかったマラソン大会の次の日からわたしは練習を始めた。どうしたら一位になれるか考えた。坂道はみんながつかれてくるからおくれてくる。ぬかすチャンスだ。

「よし、坂道を速く走れるようにしよう。」

　練習を続けて半年くらいたった三年生の一学期、右足首が急にいたくなった。病院でみてもらったけれど、いじょうはなし。だから、そのまま練習を続けていたら、だんだん歩くのもいたくなり、足首がじんじんひびくようになってきた。ＭＲＩでみてもらったら、ひろうこっせつしていることが分かった。先生に、

「治るまでは運動はやめようね。」

と言われた。

「そんなあ。」

　練習をやめたら、足がおそくなって一位になれなくなってしまう。

「今からギプスをして、明日からは、松葉づえで学校に行ってね。」

と言われた。初めて松葉づえを使ってみると、バランスをとるのがむずかしい。前にたおれそうになる。つえをつく場所をま

ちがえると、いきおいがついて遠くにとばされそうになった。しかも、使っているとわきがいたい。松葉づえをつくと目立って、はずかしいからいやだなと思った。

松葉づえの生活は不便なことだらけだった。わたしの教室は三階だ。毎日エレベーターに乗って教室に行く。みんなにじろじろ見られるのが、すごくはずかしかった。トイレに行くのも大変だし、休み時間も外で遊べない。図工のじゅ業がある日は、特に大変だった。図工室は東館の二階にある。いちばん遠い教室だ。さらに東館にはエレベーターがない。階だんでい動するから、図工室に行くだけでつかれてしまう。いつもは大好きな図工のじゅ業も、階だんから落ちそうになるこわさを思い出すと、ゆううつになった。

でも、松葉づえ生活でいいこともあった。エレベーターでの先生との話は楽しくて、おりるときには笑顔で教室に行くことができた。教室に入ると、友達がやさしくしてくれた。給食を運んでくれたり、荷物を持ってくれたり、わたしからたのまなくても手伝ってくれた。家族のやさしさも感じた。

「歩くとわきがいたい。」

と、お母さんに話したら、すぐにぬのをまいてやわらかくしてくれた。足のいたみが少しでも治るようにと、休みの日は家族でいろいろな温せんに出かけた。い動はお母さんがいつもおんぶをしてくれた。はずかしかったけれど、ちょっとうれしかった。

最初は一週間でギプスがとれる予定だったけれど、なかなか治らなくて、一か月松葉づえでの生活が続いた。早く足を治して、またマラソン大会に向けて練習を始めたい。でも、ギプスが外れてからも足がいたくて、走ることができなかった。リハビリを始めて二か月くらいたったとき、先生から、

「今年のマラソン大会はあきらめようね。」

と言われた。どうしても走りたかったのに。たくさん練習してきたのに。くやしくて悲しくて、なみだが止まらなかった。でも、わたしの足はまだいたい。もし、今年マラソン大会に出ても、きっと一位にはなれない。お母さんに、

「お願い、どうしてもマラソン大会に出させて。」

と泣いてお願いしたけれど、

「もし無理して走ったら、また足をいためちゃうよ。それはいやだよね。」

と言われた。たしかにもう松葉づえの生活はいやだ。でも、マラソン大会には出たい。あきらめようと思っても、また出たい気持ちがわいてきて、何度もお母さんと話した。今はしっかり足をなおそう。来年のマラソン大会で一位をとれるようにしよう。今年は友達をおうえんしようと、何度も自分に言い聞かせた。

マラソン大会当日、気持ちをきりかえたはずなのに、学校を休みたくなった。なかなかげん関から出られない。このまま家にいたいな。雨がふってマラソン大会が中止になればいいのに。

げん関に立っていると、お母さんがペンを持って来て、わたしの手の平に「だいじょうぶ」と書いてくれた。そうすると、なんだか勇気がわいてきた。手にぎゅっと力を入れてにぎりしめ、げん関のドアを開けた。いろいろな思いをかかえて学校に行き、いよいよマラソン大会が始まった。みんなが走っているすがたを見たら、いいなあ、わたしも走りたいなあという気持ちが大きくなった。心の中では泣きながら、本当のなみだが出ないように、手をたたいておうえんした。わすれられないマラソン大会になった。

　四年生になったわたしの足は、もうすっかりよくなった。体育のじゅ業も、受けられる。友達といっしょに遊べるのもすごく楽しい。悲しくてくやしい思いもたくさんしたけれど、体の不自由な人の気持ちが分かったし、こまったときに、だれかにやさしくしてもらうことのうれしい気持ちも分かった。

　今年のマラソン大会は出られる。六位以内には入って、去年くやしかった分まで思いっきり走りたい。

『村の子』

まっていました　皇成くん

宮城県仙台市立鹿野小学校
藤田　潤平

　六月十四日に赤ちゃんの皇成くんが家に帰ってきました。その日は皇成くんが帰ってくると分かっていたので、児童館で宿題をやっていました。ぼくが帰ってきたときには、まだいませんでした。ぼくは、

（まだかなぁ。）

と思いました。八分くらい待つと、お母さんと皇成くんが帰ってきました。妹と、

（楽しみ！）

と思いました。どきどきがとまりませんでした。

　そして、皇成くんが家の中に入ってきました。その時には、まだねていました。ぼくは児童館でやってきた宿題をお母さんに見せて、宿題を終わらせて、皇成くんのところに行きました。まず、ほっぺたをさわって、自分のデジカメで写真をたくさんとりました。ぼくは、

（かわいいなぁ。）

と思いました。これからは、ずっといっしょなのでうれしいです。

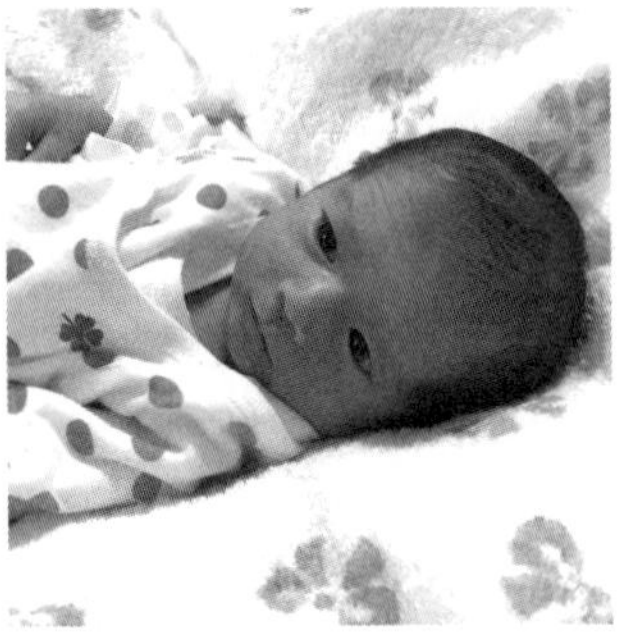

〈指導〉千葉　早苗

作品をこう読んだ
〈四年生〉日記・作文

【みかんがやってきた】

先生が教室に持ち込んだ金魚の名前を決めているときの事を書いた作文です。それぞれの名前案を、理由を付けて言っているところがいいですね。それは話し合いだったので、会話で書いています。

自分の案にはならなかったけれど、「まあいっか。」と言えるかなえさんは、心が広いですね。

【寿限無】

学芸会の出し物の、オーディションから練習、本番までというやや長い間にわたることを、順番に書いています。落語を劇にしたものだったのですね。自分は何の役になりたかったか、練習での失敗から目標をはっきりさせたなど、節目節目での芽生さんのがんばりが伝わります。最後のおばあちゃんの一言も、よかったですね。

【お別れ】

サッカーチームを去る友達とお別れした時のことを思い出して書いています。全員で写真を撮った時に泣いてしまい、帰ろうと車に乗ったらまた泣いてしまい、そして作文を書いている時にも泣いてしまったそうです。漣さんのこの友達を思う気持ちの深さが分かります。

【カマキリの飼育】

カマキリを捕まえたところから書き始めて、飼育ケースを作ったりエサを捕ってきてあげたり、しまいには卵を産んだところまで、一つ一つ丁寧に書き重ねています。飼育した経験から、ポイ捨てに気を付けようと意見をはさんでいるところもいいですね。

【四年目をむかえたカブトムシ飼育】

四年間にわたる長い間のことを、一年目は、二年目は、と整理しながら書いています。きっと構想表などを用意して、それを見ながら書いたのかもしれません。

この経験から命の大切さを学んだとまとめているのも、ちゃんとした体になれなかった虫のことを書いているので、説得力があります。

【くやしかったマラソン大会】

結惟さんは、練習をしすぎて疲労骨折をしてしまったのですね。それで松葉づえで生活せざるを得なくなった。そのことを、二年生でのマラソン大会のことから書き起こして、松葉づえの不便さやいいところ。そして三年生でのマラソン大会と書き進めています。これも長い間のことを書いてあるので、メモや下書きから清書に進むという書き方をしたのかもしれません。

【まっていました　皇成くん】

新しい家族が増えた日のことを、順を追って書いています。妹と一緒にどきどきしながら待っていたようですね。いよいよ家に来たら、ほっぺをさわったりデジカメでとったり、皇成（あきら）くんを待ち焦がれていた様子がよく分かります。

〈文責〉宮本　惠介

詩

小学四年生

初めての一人

東京都東久留米市立第九小学校
多賀　泰土

今日は
初めての一人です
三年間は
学童でした
きのうとおとといは
お兄ちゃんがいました
今日は一人です
でも
がんばります

〈指導〉平山　光子

運動着

長野県長野市立若槻小学校
伊藤　寛

今日は水曜日
クラブがある
ぼくは、昨日の体育で
運動着を忘れてしまった
だから　連絡帳に大きく
「運動着」と書いたのに
忘れてしまった
しかも、
こういう日にかぎって
がらのTシャツを着てきてしまった
何でいつも
大切なこと忘れちゃうのかな

〈指導〉小出　恵理子

まだやりたいことが・・・

東京都板橋区立蓮根第二小学校
安藤　洋翔

夏休みに
まだやりたいことあるのに
花火に
旅行行きたいなー
でも
母ちゃんはぜんぜんちがう
「よーし
　明日から仕事
　がんばるぞ」
なーんであんなにはりきってんだい
あーあ
休みがもっとあったらなー・・・

〈指導〉山口　佳子

はじめてのマッチ

青森県弘前市立千年小学校
大平　瑚都

「ハァ。」
わたしのじゅん番が回ってきた
ドキドキ、ドクドクが止まらない
マッチを取り出した
でもこわくて手に力が入らない
どうしよう
一回も火をつけたことがない
指に火がついたらどうしよう
ドッキン、ドックン
ショッ、ショッ
こすってもなかなか火がつかない
思い切って
シュッ、シュッ、ボワー
やっと火がついた
少しこげたにおいが広がった
はじめてのマッチ
きんちょう感と達成感と
マッチのにおいをわすれない

『ひろさき』

弟のたんじょう会

東京都町田市立七国山小学校
イスレス　愛菜

弟の二才のたんじょう会。
しんせきが、
みんなあつまって
弟のたんじょう会をした

たんじょう日の
弟がいるのに
さいきん生まれた、
いとこの方がにんき者。

弟はちょっとさみしそうだった。

だから、
わたしは　弟のところに行って
いっしょにあそんであげた

〈指導〉森久　謙二郎

リコーダーの練習

高知県南国市立御免野田小学校
松﨑　廉桜

上のドがふけない。
ソからドにいけない。
中指がはなれる。
「音がちがう。」
と、先生が言った。
何回も何回も同じところの練習をした。
指がいうことをきかない。
先生のまゆ毛は上にあがってきた。
目が飛び出そう。
ぼくはおかしくなって、口がゆるんだ。
「笑いゆう場合じゃない。」
先生の声が教室中にひびいた。
先生も子どものころは、
できんかったろう？
ちょっとは、ぼくの気持ちもわかってや。

『やまもも』

おこるアッキー

東京都町田市立鶴川第二小学校
岡山　優花

アッキーが立ち止まった
ふんばっていた
ママが
「アッキーうんちしたの?」
と聞く。
「みんなごはん中なのに。」
と思う。
そうしたらアッキーは
「ニコッ」とわらってにげていった
おむつをかえようとして
ママがおろそうとしたら
おこって、ものをなげてきた
どっかに行ってまたうんちをした
わたしがアッキーのズボンをおろして
けっきょく
わたしがおむつがえしました・・・

〈指導〉坂田　桃子

先生がいる教室

青森県弘前市立船沢小学校
前田　冴

「おはよう」

やっと先生が来た。

ひさしぶりに先生がいる教室。

「やったあ。」

「イエーイ。」

笑顔の女子とこうふんする男子
みんなも先生もにこにこ。

さびしかったよ。

会いたかったよ。

手紙やに顔絵、折り紙のプレゼント。

あれ。

「先生、泣いてるの。」

「みんなありがとう。」

ああ、よかった。

いつも通りの元気な先生。

にぎやかな教室がもどってきたよ。


『ひろさき』

社会見学でわかったこと

長野県飯田市立川路小学校
飯島　瑛介

社会見学で
じょう化センターに行ったよ
ぼくたちが調べて
あまりきれいじゃないとわかった
南沢川の水を
きれいにしてもらえるように
みんなでお願いをしたよ
でもことわられてしまったんだ
世の中
自分の思い通りにいかないことや
うまくいかないことが
あるということがわかったよ
これから先も
自分が思った通りに
ならないこともあるかもしれないけど
たくましく生きていきたいなと思ったよ

〈指導〉松下　尚史

あこがれの虫

愛知県豊明市立中央小学校
勝野　潤

きのう　とてもおどろいたことがあった
目の前でバッタがとんだんだ
ぼくが児童クラブから帰る途中
大きなバッタがびょおんととんできた
ぼくの身長は高い方なのに
頭のところまで来たんだ
とても
バッタの顔までは見えなかったけれど
高くとぶすがたは
自信まんまんに見えた
バッタはぼくをおどろかせて
すぐにいなくなってしまった

ぼくは思った
バッタのくせに
その自信は何なんだ
ぼくだって
自分のやることに自信をもっていたい
高くとんで消えて行った
あのバッタのように

『村の子』

水平線

東京都町田市立三輪小学校
水口　渉

夏休みに伊豆に行った
浜辺に行って海を見た
海は青くて空みたいだった
お母さんが
「海と空の間をなぞってごらん。」
と言った
人差し指でゆっくりやってみた
すると曲線になった
地球は丸いなあと思った

〈指導〉小松　明乃

運動会

高知県いの町立神谷小学校
濵田　來良

白組が負けた。
玉入れで三ついっぺんに投げていたら、
たくさん入ったかもしれないのに。
つな引きでも負けた。
赤組みたいに、大きいかけ声だったら、
列の後ろの人にも聞こえて、
引くタイミングが分かりやすかったのに。
リレーでも負けた。
私がもっと速く走っていたら、
バトンを上手にわたしていたら、
勝てたかもしれないのに。
結果発表を聞いて、下を向いた。
なんで白組が負けたのか、
考えれば考えるほど、
一からやり直したくて泣きそうになった。

『やまもも』

おばあちゃん

長野県千曲市立五加小学校
鮎澤　謙周

おばあちゃんが
急に　死んじゃって
もうじき　一年がたつ

おばあちゃんの家に　遊びに行って
「ただいまー。」
と　大きな声で言う
返事がない
でも　ぼくはいつもそうする

おばあちゃんの家で
おばあちゃんの大好きだった
ピザを食べる
おばあちゃんは　いないけど
一緒に食べてる気分だ
とちゅうで
塩味のピザになった
ぼくの涙だ
しょっぱかった

〈指導〉長幅　隆浩

言うことを聞かない気持ち

高知県四万十市立中筋小学校
室津　希実佳

私には
言うことを聞かない何かが
とりついている
友達と遊びたいのに遊べないとき
予定が急に変わるとき
幸せな気分がこわれていくとき
心の言葉が飛び出してくる
お母さんとのけんかのときも
おさえられないときがある
自分勝手なわがままなのか
だれかに対するいかりなのか
分からないけど
自分の中ではおさえるのに精一杯
おさえられないと
文句やわがままを言ってしまう
言ったあと
言わなければよかったと後悔する
あやまりたいけど
さっきまでプンプンだったのに
急にあやまるのは何かはずかしい
そうなることは分かっているのに
私は自分の気持ちに負けてしまう
気づくとなみだがあふれ出ている
どうやったら
この気持ちをおさえられるのかな

『やまもも』

作品をこう読んだ
〈四年生〉詩

【初めての一人】いつもだれかと一緒に過ごしていた放課後の時間。初めて一人で過ごすことになって少し不安な気持ちわかります。自分を励ましてるのがいい。

【運動着】連絡帳にちゃんと書いたのに忘れてしまったのはショックですよね。しかも柄のシャツ。最後の文からため息が聞こえそう。

【まだやりたいことが・・・】夏休みが終わって「あーあ」と思っている洋翔さんと、仕事にはりきっているお母さんとの違いが面白いですね。

【はじめてのマッチ】マッチを使わない現代の生活ですが、理科の実験で使うことになってどんなに緊張したかがわかります。音やにおいも伝わってきました。

【弟のたんじょう会】赤ちゃんはいつでも人気者。たんじょう会の主役の弟のさみしそうな様子に気づいて遊んであげるお姉さんのやさしさがすてきです。

【リコーダーの練習】一生懸命教えてくれる先生の顔をよく見ていて笑いそうになる廉桜君が楽しいなあ。先生もできんかったろう?の文がいいですね。

【おこるアッキー】逃げるアッキーのおむつがえを見事にやってのけるお姉さんがすごいです。笑って逃げるお茶目なアッキーがかわいいですね。

【先生がいる教室】先生がもどって来てくれて、みんなの喜んでいる様子が伝わってきます。みんな、先生のことが大好きなんですね。

【社会見学でわかったこと】世の中の厳しさを体験をもって気づいてしまいましたね。でもたくましく生きていきたいと思っていることがすばらしいです。このことを詩に書いたこともすばらしい。

【あこがれの虫】バッタのとぶ姿が自信満々に見えた潤さんの感覚が面白いです。そして、自分もバッタに負けないように自信をもちたいと思ったことが素敵ですね。

【水平線】水平線をなぞったら、曲線になったなんてすごい発見ですね。地球が丸いことを実感した瞬間を詩にしたことがすてきです。

【運動会】くやしいという言葉がかいてなくてもどんなにくやしかったかが伝わってくる詩です。特に最後の四行で気持ちが伝わってきます。

【おばあちゃん】一年近くたっても亡くなったおばあちゃんのことを思い、おばあちゃんの家でおばあちゃんの好きなピザを食べて涙する謙周君の姿に感動します。

【言うことを聞かない気持ち】自分の気持ちをおさえられなかったり素直になれなかったりすることを気にするのは心が大人になった証拠です。そのことを率直に書けたことがすばらしいです。

〈文責〉山口　佳子

特集　一年生　二年生　三年生　四年生　五年生　六年生　中学生～青年

日記・作文

小学五年生

たこあげをしていただけなのに・・・・

東京都私立国立音楽大附属小学校
橋本　怜奈

一月三日、私は、おばあちゃん家の近くのとても広い運動公園で、お正月定番のたこあげをしていました。走りながらあたる気持ちよい風と共に、天高くたこをあげていました。手に持った糸がすべて風によって伸ばされ、たこはとっても気持ちよさそうに空を泳いでいました。

私が、たこをあげているのを見て、ずっとついてくる幼い女の子と、その子のおにいちゃんが居ました。私はその子を見て、たこあげをしたいのかな？　と思い、

「どうぞ。」

とたこを貸しました。その女の子とおにいちゃんは喜んでたこあげをしていました。

しばらくして、女の子が私にたこを返そうと持ってきてくれました。その時です！　手がすべってしまい、たこが自由自在に一人であがっていったのです！　私達は、

「待ってー！」

とさけびながら、一生懸命追いかけましたが、近くの電柱の高い場所に、くるくるまかれていき、その上、電線に引っかかり、ずっと空を泳いでいました。

その時、女の子のお母さんが、いそいで電力会社に電話をしていました。その間に、巻き付いている電柱のすぐ目の前にある家のアンテナにひっかかってしまいました。一番心配なのは、その家のアンテナがこわれてしまったり、その家の人に迷惑をかけてしまったりすることです。女の子のお母さんによると、今日は同じお問い合わせ多く、順番に回っていくということでした。何時ごろに到着するのか分からないので、ハラハラしながら待つのみでした。

そして、またひとつの動きがありました。なんと、たこがアンテナから外れ、次は、となりの家のお庭の木にひっかかってしまいました。その家の家主さんに事情を説明して、お庭の中に入っていきました。ハサミを借りて、たこのみを救出しまし

た。これでもう、ほかの家には、被害が加わらないので、少しホッとしました。残された糸は、その後電力会社の人が回収してくれるとのことでした。その場にいた女の子のお父さんが、家からもう使わなくなったたこの糸を持ってきて、申し訳なさそうに、

「もしよかったら、これ使ってください。」

と言って渡してくれました。とてもよい家族だったので良かったです。

　今まで毎年のようにたこあげをしていましたが、こんなハプニングは初めての出来事でした。楽しかったけど、ちょっぴり『ハラハラ』『ドキドキ』のお正月でした。

〈指導〉家城　直子

ぼくは変わった

青森県弘前市立東目屋小学校
三上　陽向

「ああ、面倒くさいなあ。」

と、文句を言いながら、ぼくは祖父のりんご畑に向かっていた。

　りんご畑に着くと、祖父と祖母がいて、

「おう、よく来たな。とりあえずその辺からやるべし。」

と祖父が言った。ぼくは、やるしかないか、と思いながら今日仕事をするエリアに向かった。その日は実すぐりの作業だった。みんながもくもくと作業をしている中で、妹が不思議そうな顔で、

「なんでこんなことするの。ちっちゃいの取んなかったらりんごがいっぱいできるのに。」

と独り言を言っていた。ぼくがその理由を教えようとした時、

「それはな。」

と祖父が妹に話し始めた。せっかくぼくが言おうとしていたのに、祖父に横入りされた。ぼくにとってライバル的な存在だ。これといった大げんかはないが、ちょっとしたことで口げんかになる。

「ちっこいのを取って、大きいのを一つ残すんだ。大きいりんごをつくるためだよ。」

　祖父が妹への説明を終えると、こっちを見てにやっとした。ぼくは、すぐにその場をはなれて作業を続けた。その時、ボキッという音がした。ぼくは、いらいらしていたので、力任せに実を引っぱってしまった。畑のおくから祖父がやってきた。

「やっぱりだめだな。おめは。」

と祖父に言われてしまった。

「指ではさんで、くいっとまげればいいべさ。」

　祖父はぼくにアドバイスしてくれたのに、ぼくは全く素直になれなかった。しかたなく、「はい。」と、小さな声で返事をしただけだった。そして、実すぐりが終わっても、ぼくはずっとむすっとしていた。

次に手伝いによばれたのは、ふくろかけだった。気持ちを切り替えて畑に行くと、

「さあ、行ぐべ。」

と祖父が言った。そのしゅん間に、ぼくは走り出した。

「今日はやる気あるなあ。」

と、後ろから祖父の大声が聞こえた。ぼくは祖父の言葉を気にも留めず、はしごを持ち出した。はじめは、効率よくふくろかけをするために、低い位置のりんごからせっせとふくろをかけていった。今度は、高い位置のふくろかけだ。ぼくははしごに上り始めた。その時、ぐらっと体がゆれた。ぼくのかた足が空中にあった。はしごがゆれたんだ。ぼくは、体勢を立て直そうとりんごの幹の方向に体重をかけたが、元にもどる気配はなく、そのまま不安定な状態が続いた。たおれるかもしれないと思ったしゅん間、急にはしごが安定した。

「あぶねえなあ。」

と言って、祖父がはしごをおさえてくれたのだ。あんなにいつも口げんかをしている祖父がぼくをたすけてくれたから、びっくりした。ぼくはとっさに、

「じじ、ありがとう。」

と祖父に言っていた。祖父は安心したような顔でにっこりした。今まで祖父に負けたくない。勝ちたいと思っていた自分がばかみたいに思えて笑えてきた。それから、祖父とぼくは、はしごをおさえ合って作業を続けた。作業が終わると、祖父の軽トラで家に帰ることになった。車の中で、祖父はずっとにこにこしていた。ぼくもつられてにっこりした。

三回目の手伝いは、りんごのしゅうかくだった。ぼくは、とても楽しみだった。だから、予定より三十分も早く祖父のりんご園に着いてしまった。祖父は、

「おっ、今日は早いな。」

と笑顔で言った。ぼくも、

「だって、今日はりんごのしゅうかくだからね。」

と笑顔で返した。

さっそく、りんごのしゅうかくが始まった。ぼくは、はしごに上がりどんどんもいでかごに入れた。そのかごをトラクターにのせた。でも畑の中はふわっとりんごのいい香りに包まれた。トラクターを見送りながら、家で食べる分のももいだ。作業が終わった時、秋のひんやりした風がサーッとふいた。

家に帰ると、

「おめ、りんご食うが。」

と祖父に聞かれた。ぼくは、もちろん、

「うん、食べる。」

と答えた。わくわくしながらりんごを切ってくれるのを待っていると、祖母が、

「おめだちのおかげで、早く終わったじゃ。ありがとう。」

といってくれた。ぼくは、

「別にいいよ。手伝い楽しかったし。」

と、にっこりして返した。すると祖母は、

「おめ、変わったなあ。」

とつぶやいて向こうに行ってしまった。

　そこへ祖父が、

「りんご切ったぞ。」

と言って、みんなで食べるりんごを運んできてくれた。切った形が少し変だったけれど、なんだか祖父らしい。早速一口食べた。

「おいしい。でも、やっぱり形は大事だよね。」

と、わざと余計なことを言ってみた。

「なんだって。」

と、いつもの祖父の声。また口げんかが始まった。でも、いつもの口げんかではない。笑いがいっぱいで、あたたかかった。

　確かに、ぼくはこのりんごの手伝いで変わった気がする。祖父を敵のように思っていた自分が、今ではライバルのように思えるからだ。ニコニコしながらぼくをを見ている祖父に、ぼくは言った。

「来年も、再来年も、またりんごの手伝いによんでね。今年よりも、もっと戦力になるよ。」

『ひろさき』

私のこの夏の失敗

神奈川県藤沢市立羽鳥小学校
伊藤　珠菜

今年の夏、私はとんでもない失敗をしてしまった。あとから考えたら家や自分がきずついていたかもしれないような。

それは、夏休みのある日、一人で留守番をすることになった。ふだん私が家にいる時に、母がいないことはほとんどない。一人なんだと思うと、不安もあったがいつもとちがうことがしたいと心がおどった。家の中になにかないかとさがしていると、バレンタインデーの時に使った残りのチョコレートが目に入った。私は思った。「このチョコレートを使ってトロトロにし、チョコフォンデュのようにして食べたら、とってもおいしいだろうな。」とにやけてきた。

　そして、冷ぞう庫にはスプレータイプの生クリームと、マシュマロがあったので、マシュマロをフォークでつきさし、あつあつのチョコレートの中に入れ、その上に冷たい生クリームをのせて心ゆくまで食べる。「たまにはいいかも。」と思った。家にあった電子レンジ対応のバターやチョコレートなどを中に入れて温めるときれいにとけるという白い器を見つけ、チョコレートを入れた。母といっしょにおかしを作った時、母が使っているのを見たことがあるので「これを使えばかん単にできるだろう。」と思っていた。いつも電子レンジを六百ワットでやっているから、六百ワットで二分に設定した。私は待っている間少しの時間だし全く電子レンジを見ていなかった。

そして数分後、電子レンジのそばへ行くとすごいにおいがしたので、あわてて近くのまどを開けた。外はまだ明るい。「母はまだ帰ってこないな。」と直感した。そして、改めて電子レンジの方へ行くと魚がこげたようなにおいがする。中を開けると大量に白いけむりが出てきて、何も見えなかった。白いけむりが消え、中をのぞくと私の期待していたトロトロのチョコレートはなく、代わりに真っ黒になった五ミリぐらいの炭になった物体がそこに無数にあった。「とにかく母が帰ってくる前にかくさなきゃ。」と私は思った。まず家の中にあるまどをすべて開けた。なかなかにおいは消えないから、エアコンやせんぷう機を使ってにおいを風で追い出した。だいぶにおいが消えてきたし、これで大丈夫と思い、まどを少しずつしめていった。炭は、ごみ箱と排水口に流した。

そしてしばらくすると母が帰ってきた。母が帰ってきて、そうそうに、

「なんかくさくない?」

と言った。私はあせった。「もしかして、においがきえたんじゃなくて、私がただこのにおいになれただけだったのかも知れない。」と思った。それならなっとくだ。母に、

「ねぇ、何したの?」と聞かれて、せすじがこおった。たしかにここで「ごめんなさい。」と言って白状してしまうのもいいかもしれない。だけどものすごくおこられるにちがいないだろう。

「なにもしてないよ。」

とごまかしてとりあえず落ちつく。母もそれ以上は言わなかった。そして、その話はいったん終わった。

夕食の時、いつものように母が、コップやお皿を取り出そうと引き出しを開けた。するとそこにあの白い器がかなり黄色くなって置いてあった。私が置いたのだ。母は排水口の黒い炭にはとっくに気付いていた。そして二つが母の中で結び付きなぞが解けた。

「これ何?」

とすこしおこった声で例の二つを指して言う。もうばれてしまったのなら仕方がないとあきらめた。母に本当の事をすべて話した。母から、

「もっと早く言いなさい。」

と最初におこられた。そして私がもっと長い時間電子レンジを使って温めていたら火事になっていたかもしれないと考えると、自分がやってしまったことの大きさが思っていた以上に大きくて家族の生活をこわしていたのかもしれないことだった。もうこんなことは二度とやってはいけない。一人で家にいる時はキッチンにある家電をできるだけ使わないようにして、使うときは、使い方に気を付けて安全かをもっと考えて行動しようと思う。

東京消防庁の資料では、令和三年の電子レンジによる火災発生数は六十五件となり、十年前から三倍増加している。原因は、操作がかん単になったので私のような子どもでも電子レンジを使う機会が増えたことも一つだと思う。火事は大人だけがおこすものではなく、私のような子どもも日常の生活の中でおこしてしまうきけんがあることを学んだ。これからはもっと火災事故は身近にあることと考えて過ごしていきたいと思う。

『わかふじ』

つらい気持ちをふりきったマラソン大会

鳥取県　大山町立大山小学校　杉本　凪

この一年間の学校生活の中で一番印象に残ったのは、マラソン大会です。マラソン大会の成績は、春の大会が一九位で、秋の大会が二二位でした。順位は落ちてしまいましたが、全力でがんばって走り切ることができました。

まず、マラソンがスタートすると、毎回のように「早く終わらないかな、どうにかして速い人を越せないかな。」と思いながら、内側のコースへ寄っていきます。しかし、意外と内側には人が寄ってくるので、できるだけ転ばないようにして走っていきました。足が速い人はどこを走っても上位になるのですごいと思います。ぼくはできるだけ内側を走りながらグラウンドを一周すると、すでにもう息が上がり少し苦しくなってきていました。だから、できるだけゆっくり走って行きました。と中から下り坂だったので、けっこうらくに走れましたが、その後、右折や左折をしていきながら下りが終わり、長い上り坂が見えました。ぼくはこの坂が大きらいなので坂が見えたとたん、ぶるぶると寒気がしました。でも、ここまで走ってきてと中で止まるとはきそうになるので、その気持ちをふりきって走っていきました。坂を上って走っていくと、右左に曲がってまだまだ走っていきました。毎回、このあたりから後ろにいる人たちが本気を出して走ってきます。自分もそれに対こうするように走っていきました。さすがに追いつけなくて十人ぐらいの人たちに一気に追いこされてしまいました。最下位手前なので、「これじゃまずい。」と思いつつも、最後のために体力を温存しながら走っていきました。ここで本気を出して全員追いこしてしまうと、このマラソンコースの最後にあるとんでもない急な坂で、またまた追いこされてしまうことを知っていました。ぼくは、「どうしよう。どうしよう。」と思いながら一番急な坂まで来ました。息もしづらく、体力もたくさん残っているわけではありませんでした。でも、「最後の最後で終わってはいけない。」と思って、その一番急な坂を走りました。八人くらいの人たちを追いこして、やっと終わりかと思いましたが、後ろの人たちがみんな追いこしてこようとしてきました。ぼくは、それをふりきって、前を向いて走り続けました。そして、何とかゴールすることができました。

そして、ゴール後に休けいしようとして走るのをやめたしゅん間はきそうになったと同時に、足にくる強いいたみとのどのかわきで、さすがにしんど過ぎてしばふの上に横たわってしまいました。でも、何回も何回も、「やったあ。」という気持ちで喜びました。

次のマラソン大会は六年生なので、もっと速くはしりきることができるように練習してがんばりたいです。

『学校文集　峰』

作品をこう読んだ

〈五年生〉日記・作文

【たこあげをしていただけなのに】

「走りながらあたる気持ちよい風」この言葉だけでたこあげの楽しさが伝わってきます。小さい子にもその楽しさを感じてほしいという作者の優しさがつたわってきます。手から離れて電線にかかったことから、たこだけ救出された出来事を、その時の気持ちと合わせて、順序よく思い出しています。自分のことばかりでなく、女の子やその父母のことまでよく思い出していますね。

長く続いたコロナ禍。外で思いっきり遊ぶなかで、小さい子供や、周りの大人たちとのかかわり。交流する楽しさが伝わります。

【ぼくは変わった】

りんご園で、祖父と一緒に仕事をしたことで「めんどくさい」と思っていたしごとを「また呼んでね」と思うようになるまで変わったことを、順序よく書いています。

「指ではさんでグイっと曲げればいいべな」など仕事を教えてくれるだけでなく、「やっぱりだめだな、おめは」や「今日はやる気あるなあ」など仕事ぶりを励まそうとする祖父の会話をよく選んで書いています。最初はあまり積極的でなかった仕事も、祖父の仕事や、その言葉の中にある人間性に触れ、自分から仕事をしたいという積極さが出てきたように感じられます。

【私のこの夏の失敗】

チョコフォンジュを一人で作った時の手順の一つ一つを思い出す様子から、緊張した仕事ぶりが伝わってきます。

自分から積極的に挑戦しようとしたことが、チョコレートの事や電子レンジのこと、レンジに使う器の事などていねいに思い出すことにつながっています。

それとは対照的に、電子レンジからのにおいに気づいてからの慌てぶりと、その後の冷静な対処ぶりに、ていねいに思い出して書いている作者の視点に高学年らしさが感じられます。

【つらい気持ちをふりきったマラソン大会】

マラソンレースの中で思ったり考えたりしたことを、一つ一つ場面をよく思い出して、書いています。「内側には人が寄ってくるので」→「転ばないように走りました」「下り坂だったので」→「楽に走れました」「はきそうになるので」→「寒気がしました」など自分の走り方などを、理由を挙げながら説明するような書きぶりは、自分ではあまり得意とは言えないものでも、普段から物事を落ち着いて考えたり、積極的に行動しているよさが表れています。

〈文責〉日色　章

詩

小学五年生

力がいる

千葉県千葉市立松ヶ丘小学校
宇野　柊都

シャカシャカシャカ
デッキブラシでこすった
手がいたくなってきた
ゴシゴシゴシゴシ
こする手をかえた
水がきて
ドシャーン
きき手にもちかえて
全力でほんきでこすった
水がなくなってきた
ジャガジャガジャガ
水がたりなくなってきて
水がまたきた
バッシャン
こすってこすって
手がいたくなってきた
シャカシャカゴシゴシ
水がまたきた
バシャンバシャン
ごみがながれていった
ドゴドドゴとごみをすいとった
きれいになったプールで
およぎたい

〈指導〉近藤　孝

参観日

長野県佐久市立高瀬小学校
赤羽根　歩

五時間目の参観日
お父さんがしれっと来たので
しせいを正した
また入り口を見たら
お父さんが腕を組んでこっちを見た
ぼくはこしぼねがツーッとなった
お父さんがこわい目で黒板を指した
ので
あわてて黒板を見た
とちゅうで三年生の妹のところへ行っ
たので
安心した

〈指導〉山岸東志子

友達とのけんか

東京都町田市立鶴間小学校
松田　紗和

私は、友達とけんかをした。
いつもだったら、
どっちかがあやまって終わりだ。
でも、今回はちがった。
その日は、
どっちもあやまらなかった。
次の日も口をきかなかった。
帰りに友達がだまって付いてきてい
た。
私は、のらねこがいたから、
ちかづいて、なでた。
そしたら、
友達も来てさわろうとした。
とつぜん
ねこが友達にむかって、
「シャー。」
といった。
私は、おかしくなって笑った。
そしたら、友達も笑った。
それから、友達といっぱい笑った。
友達が
「何でけんかしたんだっけ?」
と聞いてきた。
私も、
「何だっけ。」
といって、
また二人でいっぱい笑った。

〈指導〉森　雅代

にじ

青森県弘前市立大和沢小学校
鈴木　初花

買い物からの帰り道
建物の前に人が集まっている
今日は結婚式があるようだ
ふと空を見上げると
にじがかかっていた
大きな大きなにじだった
それも二つもあった
こんなこと初めて
きれいだなあ
花よめさんも見ているかなあ
見てたらいいなあ
絶対幸せになれるよね
わたしのほっぺたは
ぽあとなった

『ひろさき』

七年ぶりのスイカ

愛知県幸田町立深溝小学校
鈴木　唯斗

三才のときにスイカのアレルギーが分
かった
お母さんは大あわて

ようち園のキャンプのデザートはスイ
カだった
スイカを食べるみんなを
ぼくだけ食べずに見ていた
どうしてもスイカが食べたくなると
おじいちゃんがスイカバーを買ってく
れた
見た目とにおいは本物みたい
でも味はやっぱり本物じゃない
お母さんはスイカパンを買ってくれた
チョコチップが入った色つきメロンパ
ン
スイカっぽいものなら何でも買ってく
れた
でもどれもスイカじゃない

五年生になった今年の五月
もう一度アレルギーの検査
結果はアレルギーなし
やったあ
やっとスイカが食べられる

スイカが出始めたとき
おじいちゃんがスイカを買ってきてく
れ た
最初は本当に食べてもだいじょうぶか
心配だから
小さめに切って食べた
お母さんも弟もぼくを見ている
スイカってこんなにおいだったかな
シャリ
ん！
この味この味
とってもあまくて
口いっぱいにあまさが広がった
赤いところがなくなるまで食べた
お母さんもとってもうれしそう
もうぼくは
スイカを食べてもさわっても平気です

『村の子』

池川神楽

高知県いの町立枝川小学校
馬詰　陽斗

ドンドン
太この音がする
ぼくのむねがどきどきする
シャンシャン
宮はらいが始まった
せんすのまいで心が気持ちよくなる
次は、いよいよ悪まはらい
わくわくがどんどん大きくなる
刀がふりまわされるたび、
ぼくは、さらないかひやひやする
この後も和しきのまい、二天のまいと
たくさんのまいが続いていく
今年もまいが見られて満足だ
いつかぼくも、まってみたい

『やまもも』

ちこくの原因

長野県阿南町立大下条小学校
伊藤　佳吾

今日は学校の日
でも、ちこくしてしまった
原因は弟のそうご
起きるのが信じられないくらい遅い
「けいちゃん、明日起こして。」
と言われたので起こすが起きない
まるで『三年ねたろう』みたいだ
やっと起きたと思って
「やったー。」ってなっても
また、一階でねてしまう
しかも、ごはんを食べるのが遅い
「早くしてよ。」
と何度言っても食べ終わらない
行く時には、もうちこくだと思う
しかも、歩いている途中で
「マスクわすれた。」
とか言う
置いて行けばいいじゃんと思うけど
一年生だから置いて行けない
「りいちゃん、けいちゃん。」
とぼくをたよりにしてるからかわいい

〈指導〉伊藤　里江

お父さんがおるだけで

高知県四万十市立東中筋小学校
宮﨑　快成

「お父さん、帰ってこれると。」
学校から帰ったとたん、お母さんが
言った。
一カ月ぶりか
やっとお父さんに会える。
だけど、久しぶりやけん、
ちゃんと話せるろうか。
だんだん心配になってきた。
ガチャリ
ドアの音がした。
お父さんだ。
ぼくは、居間に入ってきたお父さんに
抱きついた。
お父さんも、抱き返してくれた。
「軽過ぎやね。」
いつも言われる言葉。
なんか安心した。
お父さん、今日何する。
遊ぼうか。
ぐでっとしようか。
でもね、お父さん。
いっしょにおれることだけでも、
ぼくは満足ながで。

『やまもも』

よう君　大じょう夫？

山梨県甲斐市立竜王小学校
荊澤　優里愛

最近、よう君がろう下で一人で泣いている
あのね、よう君だって苦しいときもある
でも安心して
よう君には、女の子の仲間　男の子の仲間がいるじゃん
すごいよ
だって、友達もいっぱいいるし、絵も才能あるし、優しいいし、よう君すごいじゃん
私だって応援してるよ
だから泣かないでほしいいし、苦しいときをへらしてほしい
でも人間は、そういうものだから止められないよね
苦しいときは、相談してほしい
だからいつでも相談してね
心の中でいつでも相談しているよ！
よう君に届け！！

〈指導〉荻野　美春

おにいちゃんの詩が新聞に

高知県　宿毛市立橋上小学校
竹村　優衣

「これは、おにいさんじゃないですか」
朝、学校に行くと
校長先生が、新聞を見せてくれた
私が生まれたときのことを書いた
おにいちゃんが二年生のときの詩だ
『やまもも』にのっているのは知っていたけれど
新聞にのるとは思わなかった
私の表情やおにいちゃんの気持ちが
書かれている
授業が終わり、放課後教室に行くと
さわちかさんも、新聞のことを知っていて
「かんたくんが、ぼくに妹ができたと
小学生のときに言っていたの
思い出したがよ」
と話してくれた
おにいちゃんが、こんなに
喜んでいたことを知って
私もとってもうれしくなった

『やまもも』

作品をこう読んだ

〈五年生〉詩

【力がいる】

夏に向かってのプール掃除の詩です。まず音を書き、その自分の行動を書くという順番です。それが心地よいリズムになって作者の働く様子が目に浮かびます。自分たちがきれいにしたプールに入ったら気持ちがいいでしょうね。

【参観日】

お父さんの視線や動きに注目している作者の心の動きがよくわかります。参観日は、子どもの方も緊張するものです。この詩を読んで、「自分もそうだ」と共感する人が多いでしょうね。

【友達とのけんか】

原因は書いていないのですが、すぐには仲直りできない。五年生くらいになると、互いに言い分がぶつかります。それを取り持ってくれたのは一匹の野良猫でした。きっかけがあって良かったですね。

【にじ】

町でふと見かけた結婚式。そして大きな二つの虹。まったくちがう事を結びつける作者の感性が、この詩のすてきな所です。最終連をどう読むか、想像がふくらみます。いろんな思いがありそうです。

【七年ぶりのスイカ】

アレルギーに対する家族の配慮が涙ぐましいですね。久しぶりに食べた時の、お母さんや弟の様子、香り、音、味、食べ方を書いたことが、この詩を生き生きとさせています。もう大丈夫、良かったですね。

【池川神楽】

鳴りひびく太鼓や鈴の音、せんすを持っての舞、ドキドキするほどの刀をふり回す悪まはらい。この儀式は地域の伝統なのでしょう。それにあこがれる作者の心の高まりが感じられる詩です。

【ちこくの原因】

のんびりした一年生の弟のせいでちこくしてしまいます。困ってしまうのですが、置いて行くことは出来ません。「けいちゃん、けいちゃん」と頼りにされているお兄さん、えらいですね。

【お父さんがおるだけで】

お母さんのうれしそうな声から始まります。少し緊張気味にドアの前で待つ作者の心も描かれています。でも、思わず抱きつき、抱き返され、なつかしい言葉ももらいました。いっしょなのが何より一番安心です。

【よう君、大じょう夫？】

何か辛いことがあるのでしょうね。その友だちに細やかに目を向けてはげましている作者の思いが書かれています。良いところをたくさん見つけ、自分からも応援していることを伝えています。

【お兄ちゃんの詩が新聞に】

校長先生の言葉にびっくりした作者。『やまもも』にのったのは、十年ほど前でしょうね。話してくれた「さわちかさん」はお兄さんの同級生でしょうか。高知県の児童時が地元紙『高知新聞』を通じて広く根付いていることが分かります。

〈文責〉小柳　光雄

日記・作文

小学六年生

器楽合奏の会

東京都私立成城学園初等学校
福島　美南

私たち六年生にとって最初で最後の器楽合奏の会が十二月九日に行われました。最初は曲を決めることから始まりました。色々な曲から『ダイナマイト』『三原色』『怪物』と『炎と森のカーニバル』が候補に残りました。またその中からベスト3を決めました。それは『三原色』『怪物』と『炎と森のカーニバル』です。そこから最終的に決まったのが『三原色』でした。曲を聞いた時は「テンポが良くて難しそうだなー。」と思いました。しげみんからも、

「この曲はテンポが速いし、授業態度が悪いから違う曲にした方がいいんじゃない。」

と言われました。それでも柳組は、

「この曲がいい。」

と言っていましたが、やはり難しそうだなと多分全員が思ったと思います。

曲が決まって本格的に練習が始まりました。楽器は木琴、鉄琴、キーボード1~4、ピアノ、グロッケン、小太鼓、大太鼓、トライアングル、シンバルがありました。私の希望は木琴です。ですが、木琴は四人しか出来なくて、希望者は八人いたので、すごく練習しないといけません。それで二十分休みと昼休みに練習していました。練習の後半にはピアノとキーボードの人が決まっていったので、その人たちとそれ以外の鉄琴や木琴を練習している人と一緒に練習しました。そしてついに希望の楽器、木琴のテストの日がきました。私は音楽室へ行く時から緊張していました。テストでは、私が一番目にやりました。弾く時もビクビクして「音は大丈夫かな?スピードは大丈夫かな?」と心配しながらやりました。みんなが弾いている時はさらに「受かるかな、受かるといいな。」とソワソワと音楽室を歩き回りました。そして結果発表の時、しげみんが、

「合格ラインを超えているのは、美南、ありさ、すず、正樹です。」

と言いました。「私たちは合格したー。」という喜びがあふれてピョンピョン飛び跳ねていました。その次に鉄琴、グロッケンのテストが終わり、楽器を弾く人が決まり、それぞれの楽器で

の練習が始まりました。

練習には打楽器の数名、ピアノ、キーボード、ミニキーボード数名がいました。音楽室はほぼ人でいっぱいで合奏が出来ないので、練習室で毎日やっていました。二十分休み、昼休みは毎回、

「練習行く?」

「行く!」

という声が聞こえました。毎回、

「伴奏から、せーので!」

という私のかけ声で始まり、伴奏から終わりまで弾きました。この曲は今まで聴いた合奏曲よりも、毎回音が揃った時の感動と気持ち良さがありました。練習室はマックス二十人ぐらいですが、そのときは十七人もの人が集まってやっていました。

本番の日、教室の中は緊張感でいっぱいで、でも同時にとてもワクワクしていました。私はブラスの朝練があるので、講堂で『ジングルベル』の練習をしました。私が器楽合奏の会でやる曲は『ダンシングヒーロー』『ジングルベル』『三原色』と『Can do』です。『ジングルベル』は初めてやるカリンバと歌詞、ドレミは指番号を歌うのですが、それらを覚えるのが大変でした。

そしていよいよ『三原色』をやる出番、緊張しながらステージに上がり、しげみんの指揮の合図で始まる迫力あるキーボードの音から、それ以外の楽器の音がわっと一斉に集まる音だけで曲になりそうなぐらいに私には聞こえました。最後の「ダッ、タァッタッタタタタ!」が終わり、「終わったー、意外と短かったなぁ。」と思いました。

ところで、保護者が聴く会で私にとってとんでもない事件が起こりました。それは、弾いている途中でスティックが鍵盤の間に挟まってしまったことです。「あっ、抜けない。」と一瞬で気づき、心臓が飛び出るかと思いました。ですが力強く引き抜き、落ち着いて合奏に戻っても心臓はドキドキしていました。

そして演奏が終わり、一年生から五年生が歌う合唱を聞いて、最後に全員で『Can do』を歌って終わりました。会が終わってから掃除と片付けをやり、一大イベントのひとつがまた終わりました。

器楽合奏はもう出来ませんが、最初で最後の会はすごく楽しくて充実していました。今となってはあっという間に終わった気がします。

〈指導〉角田　雄史

勇気を出して

東京都私立国立音楽大学附属小学校
猪俣　柚音

わたしは、学校生活の中でみんなをまとめる仕事を一度もしたことがなかった。学級委員や副部長など、立候補したり、友達にすいせんしてもらい、演説をして、票が多ければなれる学校の中での一つの仕事みたいなもの。わたしが、このような仕事にチャレンジしなかった理由は、いろいろとある。一つ目は、もし自分への票が少なくて、なれなかったらどうしようという思いだった。二つ目は、みんなの前に立ち、自分の思いを伝えたりするのが苦手だからだ。ほかにも、チャレンジしなかった理由は、たくさんある。でも、その思いを変えるときが、来たのだった。

それは、会長、副会長、書記を決める選挙のときだった。同じクラスの友達が、体育館のステージの上で自分の思いや意見をみんなに伝えていて、とてもすごいと思ったからだ。わたしは、そこで初めて、この音小をより良くするために、なにか出来ないかと考えた。音小のためになにかしたいと思うときが、みんなよりとてもおそいと思うが、今からでもなにか出来ると思い、わたしは、奉仕部の部長になろうと思った。学級委員もクラスをまとめられて、やってみたいと思ったが、奉仕部は、五年生の副部長と二人で部をまとめられて、五年生とも関われて、いいと思ったからだ。

クラスで奉仕部決めの時間があった。わたしは、放送部に入りたいと前から思っていたので、マグネットを放送部のところにはった。そして、放送部は、ジャンケンをせずに決まった。その日から、放送部の活動が楽しみだった。

そして、放送部の部長になりたい人が何人いるのかが少しドキドキしていた。

木曜日、五時間目が終わり、とてもきんちょうしていた。六時間目が第一回目の奉仕部だからだ。わたしは、前日の夜に書いた放送部の部長になりたいという思いが書かれている演説の大事な紙を手に取り、筆箱を持って、友達と五年栃組の教室へ向かった。一か月くらい前までいた教室だったので、なつかしい気持ちになった。そして、席にすわり、先生が、

「これから放送部を始めます。」

と言い、そして、先生がみんなにやさしく言った。

「今日は、いろいろやる事があります。まずは、部長さんと副部長さんを決めたいと思います。」

わたしは、

(えっ!ちょっと待ってよ。)

と心の中で思ったが、もう、どんどん時はながれていく。先生が、

「まず部長さんを決めます。放送部の部長になりたいと思う人、手を挙げてください。」

と言った。わたしは、先生に見えるようにまっすぐ手を挙げた。

手を挙げながら、後ろを見ると、ちがうクラスの子が二人も手を挙げていた。わたしは、

（二人もいるのか。やばい！）

と思っていると、先生が黒板に私の名前を一番最初に書いた。それから、先生は二人の名前を書き終えた。先生は、

「じゃあ、書いた順番で、猪俣さんからお願いします。」

と、笑顔で言った。わたしは、手足が少しふるえていたが、やるしかないので歩いて、先生の机のところへ行った。そして、演説を始めた。なるべく大きな声で、ゆっくりと、みんなが聞きとりやすいと思ってくれるような声の大きさと速さで演説した。ずっと紙を見ていないで、何度もみんなの方を向いた。前を見ると、全員の視線がわたしに向けられていて、こわかった。自分がみんなの前に立って演説しているのが、夢のようだった。今回、残念な結果になったとしても、またチャレンジすればいいという気持ちで演説を終わらせた。わたしの演説が終わると、全員が拍手をしてくれた。とてもうれしかった。

　そして、席についた。わたしは、とてもほっとした。自分で立候補して、演説をするのは、初めてだったので、新しい新せんな気持ちを味わえた。そして、投票をする時間になった。全員目をつぶり、下を向いた。そして、先生が、

「猪俣柚音さんがいいと思う人。」

「・・・・。」

　先生がわたしがいいと思う人を聞き、しんとした空気だったのが、とてもこわかった。それから、もう二人が良かったと思う人を聞いた。先生は、わたしが言ってほしくない言葉を言った。

「それでは、目を開けてください。」

　みんなの視線が黒板に集中した。一度、全員の名前を消し、一番票が多かった人の名前を書いた。そこには、「猪俣柚音」という名前が書かれた。そして、先生が、放送部のみんなに言った。

「放送部の部長は、猪俣柚音さんにきまりました。」

　みんなが、わたしに向かって拍手をしてくれた。思わずほおがゆるんでしまった。とてもとてもうれしかった。そのときから、次の月曜日にもらえるこん色の「部長」と書かれたバッジをもらえるのを、ずっと楽しみにしていた。

　みんなをまとめる仕事をしたことがないので、分からないことがたくさんあり、放送部のみんなにめいわくをかけることもあるかもしれないが、これから放送部の部長として、全力を尽くしていきたいとわたしは思った。

〈指導〉齊藤　和美

教頭先生と書写

福島県いわき市立磐崎小学校
佐藤　信作

ぼくは、教頭先生と書写をずっとがんばってきて、「伝統を守る」という字を書きました。そしてぼくは、最初ふつうの半紙をつかって伝統という字を書きました。その伝統という字を何回か練習をやり続けました。そしてその伝統という字を書いた次は「を守る」を半紙に書きました。そしてぼくは「を守」までは上手に書けるようになったのですが、「る」というひらがながとってもにがてで最初は、教頭先生にいろいろ「る」の書き方を黒板に書いてもらって練習をしました。

そして「伝統を守」まではとっても上手になっていったのですが、「る」だけがとっても苦手でぜんぜん上手にかけないので、上手に書いている人のやつを見まわって、上手な人は、とっても上手なのですごいな自分もこんなに上手になれるようになりたいなと、ずっと頭の中で考えていました。

そして和輝に「る」の書き方を聞きました。そしたら和輝に、

「ふでは、よくとんがらせてやった方がいい。」

といわれたので、

「おっけー。」

といいました。そして和輝といっしょに「る」を書いてみました。そしてまえよりかはうまく書けました。でも「る」の最後の丸のぶぶんがとってもたいへんでした。そして和輝が丸のぶぶんのことをいろいろおしえてくれました。そして、丸のぶぶんは何回かずっとがんばってきました。そして教頭先生ともたくさん丸のぶぶんを練習し続けていると、とっても上手な「る」が書けました。

そして本番はとっても上手な物が二つかけました。そして教頭先生と友達とずっとまよっていました。そして、右と左の物できまった、「伝統を守る」は、右のバランスの良い方にしました。そして数日後、ぼくたちのローカにかきぞめの半紙がはられていました。そしてまたまた数日後、金賞がはられていました。そして自分のをみると金賞がはられていてぼくは、

「やったー。」

といいました。教頭先生と和輝に教えてもらわなかったら、「る」も上手にかけなかったと思いました。なので教頭先生と和輝にとってもかんしゃしています。

〈指導〉渋谷　俊克

気まずかった体力テスト

東京都板橋区立蓮根第二小学校
植田　咲良

「よろしくお願いします。」

今日は一年生の体力テストのお手つだいの日です。きんちょ

うしている人もいればはりきっている人もいました。先生のかけ声で一年生が並びはじめペアをつくりました。みんな小さくとてもかわいかったです。さぁはじまります！

ペアを作ってピロティに行き、立ちはばとびがあります。体が小さいのにとてもとんでいました。

終わったら、上体おこしです。みんなしんどそうに顔をゆがめていました。最後の一秒までしっかり体をおこそうとして、とてもがんばっていました。

次に体育館に行き、反復横とびをしました。まだ前のクラスがやっていて、体育館の前で待っている時、

「・・・」

ずっと話すことがなくて心の中で、

（どうしよう。何話せばいいのかわからない。）

一年生に話しかけても、

「うん。」

ただうなずいてくれるだけで、とても気まずくて話しかけにくかったです。でも、毎回移動する時は、一年生と手をつなぎます。そのとき、自分から私の手をにぎってくれて、その手はとても温かく、小さくて、かわいかったです。それでもずっと気まずく、

「・・・」

が続き、どうしたら良いのか分からなくて、まよっていたけど、前にいた人たちは、楽しそうに話をして他の一年生が集まってくるくらい人気があり、あの感じで話ができたらと思いました。

キーンコーンカーンコーン

チャイムがなり、終わってしまいました。

（あ～あ、なんにも話さず終わっちゃった。私がもっと話しかけてあげなきゃいけなかったのに。）

最後に列で並び、私のペアは小さな声で、

「ありがとうございました。」

といってきました。

〈指導〉山口　佳子

思い出のりんご畑

工藤　安司
青森県弘前市立北小学校

「この群馬名月おいしいなあ。」

「そりゃあ、そうだ。こうちゃんがつくったんだからなあ。」

ぼくのおじいちゃんは、こうちゃん。りんご農家です。岩木でりんごをつくっています。おじいちゃんは、とっても優しくて働き者です。秋になると、ぼくは、毎週日曜日に手伝いに行っています。

「安司、りんごは手をかけた分、おいしくて立派に育つんだぞ。」

「なるほどね。だから、こうちゃんがつくったりんごは、おいしいんだね。」

「安司の好きな群馬名月は、甘さと適度な酸味があるから、おいしいんだ。収かく時期は、大切なんだぞ。」

畑では、おじいちゃんとりんごの話をしながら作業をします。りんごのことがよくわかるので、とても楽しいです。

八月二十六日。前日まで大雨が降って作業が遅れていたのだそうです。久しぶりに天気がよくなる予報だったので、おじいちゃんは、りんごに薬がけをしに行く予定でした。いつもは、おばあちゃんに何時からどこで、どんな作業をするか知らせていくのに、その日に限って、

「畑に行ってくる。」

と言わずに行ってしまいました。その日、おじいちゃんは昼になっても帰ってきませんでした。心配したおばあちゃんが何度もおじいちゃんに電話をしましたが、電話がつながりません。

おばあちゃんが、

「畑を見に行ってくる。」

と言って畑に行ってしまいました。おばあちゃんと畑を手伝ってくれている人が一生けん命探しました。夕方、おばあちゃんから母に電話がかかってきました。

「おじいちゃんが畑で事故にあった・・・・、おじいちゃんが・・・。」

という内容でした。ぼくたちは、すぐにおじいちゃんの家に行き、おばあちゃんは病院に行きました。

二時間後、おばあちゃんから電話がきました。

「おじいちゃんが、亡くなった・・・・。」

ぼくは、おばあちゃんからの電話が信じられず、ぼう然としていました。病院から帰ってきたおばあちゃんから、おじいちゃんが亡くなった話を聞きました。その話を聞いているうちに、なみだがあふれて止まらなくなってしまいました。いつもりんごを運んでいると、

「安司は力持ちだなあ。働き者だから、こうちゃん助かるよ。」

と言われていました。おじいちゃんと、もっと話をしたり、あそんだりしたかった。おじいちゃんから、りんごのことをもっと聞きたかった。

お通夜の時も、おそう式のときも、おじいちゃんがひょっこりあらわれてくれるような気がして、おじいちゃんの姿ばかり探していました。しばらくの間、畑に行くとおじいちゃんを思い出してしまうので、畑の手伝いもしませんでした。でも、おじいちゃんが亡くなったことによって、畑の人手が足りなくなり、二週間後の夜、父から、

「安司、明日、畑に行くぞ。」

と言われました。ぼくは、まだ気分が暗かったので、行きたくありませんでしたが、仕方なく行くことになりました。

おじいちゃんが亡くなる前の日まで、雨がたくさん降って、山の道が悪かったと聞いていました。おじいちゃんが亡くなっていた畑は、人があまり通らない畑だったので、探してもなかなか見つからなかったのでした。おじいちゃんを見つけてくれたのは、近くの同じりんご農家をしている方でした。みんなで探したのに、見つからなかったので、見つけてくれた人には、とても感謝しています。そんなことを考えているうちに眠ってしまいました。

次の日、朝早く畑に行きました。どきどきしながら畑に行ってみると、おじいちゃんが、

「安司、来たか。待っていたぞ。」

と言ってくれたような気がしました。天気もよく晴れていて、しばらく放っておいたりんごたちも喜んでくれているようでした。おじいちゃんが亡くなったばかりのころは、悲しみが大きすぎて畑に行くのは、嫌でしたが、最近では、畑に行くとおじいちゃんとの思い出がたくさんあって、おじいちゃんも喜んでくれているような気がしています。

「安司、よく来たな。今日もこうちゃんと一緒に、たくさん収かくしような。」

おじいちゃんが亡くなって三か月。おじいちゃんと話ができないのはさみしいけれど、思い出がつまっている畑で、前よりも手伝いをがんばっています。

おじいちゃんが大切に育ててきたりんごだから、おじいちゃんの分まで、ぼくが大切に育てていきたいと思います。

おじいちゃんがいなくなってわかったことは、人と積極的にかかわって、たくさん思い出をつくると残された人のがんばる力になるということです。おじいちゃんに優しくしてもらったこと、遊んでもらったこと、おしゃべりしたこと、りんごのことを教えてもらったことなど、すべてがおじいちゃんとのいい思い出となっています。

大切な思い出の畑で、おじいちゃんの分までみんな協力してりんごをつくっていきたいと思います。

「こうちゃん、おれ、がんばるからね。」

色づいたりんごがきらきらしていて、おじいちゃんに、

「安司、がんばれ。」

と言われたような気がしました。

『ひろさき』

作品をこう読んだ 〈六年生〉日記・作文

【器楽合奏の会】

六年生最後の器楽合奏の会に向けて、曲決め、希望する演奏楽器のための練習とテストを自分がクリアしていく様子。そしてその後、メンバーが決まった仲間と合奏練習していく過程が、ていねいに、そしてちょっとお茶目に描かれています。本番の緊張感の中、やり切った達成感と保護者向けの演奏でのアクシデント対応もうまくいきました。コロナ禍の中で工夫して開かれたであろう発表会、やり切った気持ちが素直に書けています。

【勇気を出して】

六年生は最上級生。学校の中の児童会活動や委員会活動で人の上に立つことも多くなります。

作者は、今までの小学校生活で一度もみんなをまとめる仕事をしたことがなかったのですが、希望する放送部に入ることができたこともあり、しっかり演説の準備もして、部長決めに臨みました。自分の心の動き、先生や周りの視線など、その時の臨場感が伝わってくる書きぶりが見事です。自分から関わった仕事に意欲的に向かう気持ちもさわやかですね。

【教頭先生と書写】

書写（毛筆）の学習では、ふだんあまり接することのない先生から学ぶことがあるかもしれません。作者は、教頭先生と書写の時間に集中して毛筆に取り組んだことや、アドバイスと応援をしてくれた仲間の言動を振り返りながら、自分の作品が仕上がっていったことをよろこんでいます。

【気まずかった体力テスト】

これも六年生ならではの学校での役割かもしれません。まだ学校に慣れていない一年生の保健や体育の測定の補助をしているときの様子を丁寧に書いています。

作者は、なかなかうまくペアを組んだ一年生の子とおしゃべりができなかったようですが、その中でも一年生が頼りにしているしぐさも伝わってきます。大丈夫、と声をかけてあげたいですね。

【思い出のりんご畑】

青森、そして津軽平野といえばりんごです。作者の祖父はりんご農家をしており、作者は毎週手伝いに行っていました。

そんな祖父がある日、畑で事故にあってしまい、亡くなってしまいます。作者は、今までのりんご畑での祖父との思い出があふれ出して、畑に行きたくありませんでした。ですが、祖父が亡くなって働き手が少なくなった畑の手伝いをがんばっています。祖父が自分に関わってくれたことを大事にして、自分が育ててもらったように、祖父の育てたりんごをこれからも育てていこうという気持ちがよく伝わってきますね。

〈文責〉鈴木　宏明

詩

小学六年生

あちゃー

東京都板橋区立蓮根第二小学校
東口　広大

ぼくは
朝
五年の教室に入ってしまった
あれ、だれだ
ぼくはそう思った！
そうだ！
ぼくはもう六年生だった

〈指導〉山口　佳子

いそがしい

高知県土佐市立高岡第二小学校
濱口　敦耀

一年生を連れて、初めてのそうじ。

「まずぞうきん、ぬらそうか。」

「うん。」

いっしょにしぼっていると、

「ちょっと、ちゃんとしぼらんと。」

声をかけると、

「分かった。」

と、しぼりだした。

「こうやってふいていくがで。」

と言うと、ちゃんとやってくれた。

でも、目をはなすと
ふらふらどこかへ行こうとする。

連れ戻したり、ふく場所を
教えたりしていると、
あっという間に時間が過ぎる。

ぼくは、かわいい一年生との時間を
楽しんでいる。


『やまもも』

人生初のパン作り

長野県飯田市立千代小学校
新井　叶利奈

人生初一人でパン作り
縄文パンのレシピを元に生地作り
次の日の日曜日
朝七時に起きて発酵ＯＫ！
午後一時開始
十分たって焼き始め
焼き終わって見るときれいなきつね色
家族に食べてもらった
お店に売っているのよりおいしい
すごくおいしい
においがこうばしい
すごくうれしかった

次はパンの中に具を入れて作る

『信濃子ども詩集』

〈指導〉坂下　力

ぼくのつり人生

愛知県幸田町立深溝小学校

齋藤　愛知

二年三か月
ぼくのつり経験年数だ
きっかけは父の一言
「つり、やってみるか。」
「やりたい。」
そく答して始まったぼくのつり人生

二年三か月で学んだこと
つりは「がんばるもの」だ
えさの種類や仕かけの場所
魚の群れの有無や天候予測
投げる角度や針の大きさ
考えることをがんばる
そして何より
その場でじっとしていることをがんばるのだ

二年三か月の中でいちばんのがんばり
その日は数時間コースだった
ちょっとトイレに行きたくて席を立ったら
さおがぐんぐんしなっていた
あわててさおを上にふってみた
相手も強い力で引いてくる
「まなと、だいじょうぶか。」
父の声に答える
「うん、だいじょうぶ。」
重心を後ろにしてさおをたおす
リールを巻いて十回くり返す
まだか
まだか
うっすら姿が見えてきた
「あと少し、あと少し。」
大きくてよく分からないが
糸の先でふらふらしている
落ちないか逃げられないか
自分一人の力では無理だ
がんばれ　おれ

父の手が糸をたぐりよせてくれた
「だいじょうぶだ。落ちないから、あと少しがんばれ。」
ふっと力がぬけた。
やったぞ
コショウダイ三十センチの大物だ
父も笑顔
ぼくのがんばりが認められたしゅんかんだった

二年三か月の間
魚をさばくこともできるようになった
頭を切り落とす
身を三枚におろす
味付けをして家族に食べてもらう
今回はムニエル
「おいしい」
家族の声も
ぼくをがんばらせてくれた
ぼくのつり人生
まだまだ極めるためにがんばるぞ

『村の子』

妹にあう卵焼き

東京都町田市立山崎小学校
島尻　有希奈

「いただきます」
「あ！そうそうこれ私がつくったん
　だ」
そう！私がつくった卵焼きを夜ご飯に
だした
「おいしい？」
妹に聞くと
「うんまあまあ」
といった

一週間後
私がつくった卵焼きだけど
「お母さんがつくったんだよぉ」
っていってみた
すると…
「おいしい！」
と妹は言った
「私がつくったのに…」
もう！妹はこまるなぁ

〈指導〉森　恵

今年の梅採り

長野県阿南町立大下条小学校
三浦　怜亜奈

花梅と大梅を採った
雨が降っていたのでレインコートを着
た
休みながら梅を採り続けた
今年の花梅は大きかった
採りやすい見つけやすかった
手からすべり落ちても
どこにあるか見つけやすかった
楽しかったのは
梅をひっぱって採ると
葉から雨水がいっせいに降ってきたこ
と

家に帰るころには
かごいっぱいの梅があった
足が重くて前に進みにくかった
ブルーシートにかごから梅を出すと
お手伝いがしっかりできた
来年もまた梅採りがしたい

『信濃子ども詩集』
〈指導〉伊藤　里江

はしごの上は成長のあかし

青森県弘前市立高杉小学校
川村　海都

祖父の畑はりんご畑
毎年秋には大いそがし
家族や親せき総出のりんごもぎ
低学年のころには木の下を担当
簡単な作業を任された
中学年になったらふみ台に上がり
高学年になった今は、はしごを上がる
木の上の所がぼくの担当だ
木の上は葉や枝がじゃまだし
はしごの上はぐらぐらして不安定
なかなか仕事が進まない
大変だから任されているんだな
一本終わって周りをみると
すばらしい景色が広がっていた

小さいころでは体験できない景色
少しだけど成長したな
はしごの上はそう思える場所だ

『ひろさき』

真夏のお手伝い

石元　明日香
高知県高知市立朝倉小学校

「ありがとうございました」
声を張り上げる
正午になるといっそう暑さが増して
顔にも背中にも汗がにじむ
それでも
なぜか心はすがすがしい
日曜市の祖母のお店には
たくさんのお客さんが来る
「今日も暑いですね」
「えらいねえ。お手伝いかね」
お客さんとの何げない会話に元気をも
らう
小銭の音がチャリチャリと鳴る
計算ミスをしないように慎重に暗算す
る
となりでは
祖母がていねいにおつけ物の説明をし
ている
祖母もお客さんも、汗をふきふき話し
ている
太陽がじりじりと照らす中
いろいろな人の声でにぎわう
負けないように私も声を張り上げる
「いらっしゃいませ」

『やまもも』

泣く意味

片山　怜美
東京都町田市立藤の台小学校

巨大スクリーンでアニメを見た
みんな泣いていた
あせった
見るどころじゃなくあせった
終わった後みんな泣いていた
やばい自分も泣いたほうがいいよね?
嘘泣きだけど泣いたふりをした
すぐ気づかれた
「そんな無理して泣かなくていい」
と言われ
涙が出そうだった

〈指導〉上條　泰

人の感情

山田　有真
青森県弘前市立福村小学校

人と人は完全にわかり合えない
どの程度でうれしいか
どの程度で悲しいか
価値観は人それぞれだ
おこりやすい人がいる
悪く言えば「短気」
よく言えば「感情豊か」
どちらも真実
世の中には完全な人など存在しない
不完全だからこそ夢を追い続けていく
不完全だからこそ不安にもなる

そんなときぼくは
深呼吸する

『ひろさき』

謙虚に生きよう

高知県高知市立潮江東小学校
村上　璃空

お母さんとけんかした
どんどんひどくなって
ついに家を追い出された
ぼくは玄関の前に座りこんだ
（自分は悪くない）
「チッ」と舌打ちした
さけびたいくらい腹が立っていた
反省する気なんて一ミリもなかった
そうしてどんどん時間が過ぎていった
だんだん頭が冷えてきた
（自分が悪かったな）
ぼくはいつも
自分の悪いところをすぐに認められな
い
謙虚さが全くない
そんな自分を変えていかないといけな
い
そう気づいた
家のチャイムを鳴らして謝った
これからは謙虚に生きよう

『やまもも』

最大の危機

東京都日の出町立大久野小学校
松本　雅

私は今、最大の危機におちいっている。
それは…
スカートをはかなければならないこと
だ。
中学生になると制服で
スカートをはくことになる。
ガチではきたくない。
今までずっとズボンをはいてきた。
マジ、ヤバイ…　本当にヤバイ…
お母さんがガチきれした
ときよりもヤバイ。
どうすればよいか考える。
いっそ男になっちゃおうかな。
イヤ、さすがにそれはダメだ。
そんなことを考えているうちに
どんどん時が過ぎていく。
私は今、最大の危機におちいっている。

〈指導〉上杉　哲平・金田一　清子

作品をこう読んだ

〈六年生〉詩

【あちゃー】はるか昔のことです。体育館で身体計測を終えて、上半身裸のまま三階へ、戸を引いて教室に入ったら…、そこにいたみんながびっくりした顔でぼくを見ています。恥ずかしかった物語。

【いそがしい】一年生といっしょに掃除をする。そのとき、やり方を見せながら声をかける。自分も掃除しながら見守っている。いそがしい時間です。でも、その時間を楽しんでいるところが素敵です。

【人生初のパン作り】社会科の学習と重なるのでしょうか。叶利奈さんの歴史の一頁に刻まれますね。パン作りに「発酵」の時間は必要です。手間と暇をかけています。縄文のパンは「おやき」の仲間。

【ぼくのつり人生】十代として歩み始めている六年生にとって、「人生」も「がんばる」ことも、自分の興味や関心と切り離せないのですね。だれもが自分の「人生」の主人公なのだと、あらためて教えてくれています。

【妹にあう卵焼き】卵焼きを作れるようになって、その見た目も味も、母が作ってくれるものとそんなに変わらないことを自分が知っているから、「もう！妹はこまるなあ」と、ユーモアが生まれます。

【今年の梅採り】「梅仕事」という言葉もあるように、季節のなかで梅の育ち具合にあわせて、毎年くり返されてきた仕事に参加している喜びが伝わってきます。「今年の…」から「来年も…」なのです。

【はしごの上は成長のあかし】毎年秋に家族や親せきが総出で行うりんごもぎ。出荷のためにていねいに進められていく仕事です。小さい頃から任されてきた仕事が少しずつ難しくなってくることが、喜びであり、自信になっています。

【真夏のお手伝い】「いろいろな人の声でにぎわう」日曜市。お客さんとお店の人の、何げない会話がそこには欠かせないのです。人々の暮らしの中にある潤いがあるから「すがすがしい」のでしょうか。

【泣く意味】みんなが泣いていることにあせりを感じる、そんなことがありました。自分と、ほかの友だちとのちがいやつながりが気になってくる、そんな自分の心持ちを問い直しているのですね。

【人の感情】他の人と自分のちがいを考え、人間はひとり一人が異なっていることに気づいたときがありました。そんなときがありました。『深呼吸の必要』を思い出しました。

【謙虚に生きよう】父や母と言い合いになったり、泣いたり怒ったりすることもありました。（自分は悪くない）そう思いながら、そのときのことを思い出し、考えている時間。一人になって考えることがあっていい…と教えてくれる詩です。

【最大の危機】スカートでもいい、ズボンでもいい、何でもいいのです。その人のその人らしさがいちばん大切なこと。小さくても声をあげること…、きっと誰かが応えてくれる。そのためにも詩があるのだろうと思います。

〈文責〉泉　宜宏

日記・作文

中学生〜青年

思いは直接

山形県高畠町立高畠中学校　一年
大内　琉々華

優しい人、厳しい人、いじわるな人、何も考えていない人、いろいろな人がいるこの世界からいじめがなくなるとは私は思いません。だからこそ自分の思っていることを陰でグチグチ言うより思っていることを相手に直接伝え、お互いの気持ちを分かち合うことが大切だと思います。

小学三年生の時、A子さんと同じクラスになりました。三・四年生のころの私の性格は明るくもなくどちらかというと静かでネガティブな方でした。そのせいでA子さんに目をつけられてしまったのです。なんとなく避けられている気がするなと思っていたら、予想的中。「琉々華のこと避けてね。」と言っていたそうです。他にも私がA子さんの近くに行くと話をやめたり、離れて行ったり。それが毎日続きました。

五年生になりクラス替えがありました。そこでもA子さんと同じクラスになってしまいました。私はがっかりしました。ですが、前から仲の良かったB子と同じクラスになり、このB子が私とA子さんのこれからを変えます。

A子さんはターゲットを二人に増やし、私とB子にしました。でも、もういじめられているのは私一人だけではありません。二人です。そして、B子と私はほかの友達に今までのことを相談しました。そしたら、私たちと同じようなことをされた人がほかに三人もいたのです。仲間ができた私たちはもう無敵になったので、小学校の頃にあった「スマイルタイム」という時間に皆で先生に相談にいきました。でも、先生から返ってきた言葉は、「自分たちでうまくやってね。」でした。

どうしたらいいのだろうとみんなで考えました。思いついたのは「距離を置く。」ということです。そうすれば自分たちがいじめられることもなく、A子さんも人をいじめずにすみます。とてもいい案だと思い私たちはしばらくA子さんと距離を置いていました。

五年生の終わりごろA子さんが学校を休みました。私たちはそのことを気にもかけずにいつも通りに学校で過ごしていると、その日の五時間目に、私とB子とC子が先生に呼ばれました。それぞれに先生と一対一で話をしました。その時、私は何のことで先生に呼ばれたのか分からず先生に「何で呼ばれたかわかる?」と聞かれて、「わかりません。」と答えました。先生は、「A子のことです。」と言い、私は今までのことを心配してくれたのかな。と思っていたら、先生からは「あなたたちのせいで、今日、A子は学校を休んだのです!」と言われたのです。何のことかと考えている間もなく、「あなたたちのやっていることはいじめです!」ときつく言われました。もう何が何だか分かりませんでした。頭の中で整理してみると、私がいじめられる、皆で距離を置く、A子さんが学校を休む。要するに、私たちがA子さんと距離を置いたことによってA子さんは一人になり、学校に行きたくなくなり休んだ。ということになります。私は頭の中でたくさん考えました。これもA子さんのいじわるなのか。それとも本当でA子さんを傷つけてしまったのか。それなら悪いことをしてしまったとか、でも、何で私がこんなに怒られなければならないのかとか、怒りと罪悪感と悲しみとで頭が爆発しそうでした。今までA子さんにいじめられてきたこと、いじめるつもりなど全くなかったけれど、結果的にA子さんを傷つけてしまったこと、先生からきつく言われたこと、涙が止まりませんでした。それでも、考えていること全部を先生に伝えました。先生もわかってくれてA子さんのもとへ行きました。

そこにはB子もC子もいて皆で話し合いました。A子さんははじめ、「自分はいじめてはいない。仲間外れにされた。」と言っていましたが、私たち一人ひとりの話を聞いているうちに泣いてしゃべれなくなりました。先生が間に入ってくれて、A子さんの思いも聞くことができました。そして、皆それぞれにやってきたことは人を傷つける行為に当たり「いじめ」だということに気づき、「もう今までのようなことはしない。」と約束しました。

それから、A子さんは人をいじめることはなくなりました。今ではいっしょに登校したり学校でもしゃべったりしています。

小学校のときの経験から、思いは相手に直接伝えることが大切だと分かりました。相手に分かってもらえるように伝えることは簡単なことではありません。しかし、嫌なことをされたり言われたりしたときは、悪口や無視するような態度で返すのではなく、「私は○○されて○○だったから、○○した方がいいんじゃない。」など、相手のことを思った的確な考えを相手に伝え、相手の考えもしっかり聞くことが、お互いを思いやり気持ちを分かち合うための第一歩だと私は考えます。

〈指導〉近野　享子

大切なもの

東京都八王子市立高尾山学園中学　三年
宮内　勇騎

私は高尾山学園に来るまで、学校が楽しいところだと思ったことがありませんでした。学校に行っても、授業が面白くなくて、やる気もなくなっていき、だんだん授業の内容に追いつけなくなりました。学校生活では自分から話しかけることはなく、他の人に話しかけられるのを待っていました。「友達になりたい」「話してみたい」と思っても、声に出すことができなくて、自分の意思を伝えることができませんでした。そのためクラスメイトや先輩に嫌なことをされても、「大丈夫、怒ってないよ」と言っていました。先生やお母さんには、嫌なことをされたことは言いませんでした。お母さんたちには迷惑をかけたくなく、心配させたくなかったからです。不登校になってからは、学校は怖いところだと思うようになりました。勉強もできなくて、人とのコミュニケーションも満足にできない、そんな自分は何をされても、文句を言えないと思った時もありました。小学校だけでも卒業したいと思い、勇気を振り絞って学校に行こうと思っても、どうせ嫌な気持ちになると考えてしまって、学校にはずっと行けませんでした。このまま友達もできず小学校も卒業できないで大人になるのかと思っていました。

そんな時高尾山学園のことを知りました。初めは、この学園でも同じことになるかもしれないと思っていました。でも、高尾山学園の授業や学校生活を体験すると、先生の授業はわかりやすくて、生徒たちは優しくて仲間思いでした。学園の生活では、嫌なことや怖いことはなく、楽しくて安心した日々を過ごせました。

高尾山学園に転入してから、たくさんのことに挑戦しました。人と話せるようになりたかったので、演劇講座に入りました。演劇講座の中で人と話したり、劇を演じることで、人と話すことが苦手ではなくなりました。図書委員長をやって体育館でみんなの前で委員会の報告をしたこともあります。以前の私には絶対にできなかったことだと思います。そして、この学園で私が学んだ一番大切なことは「自分自身を大切にする」ということです。嫌なことをされてもガマンするのではなく、嫌なことには嫌と言えることが、本当の強さだとわかりました。こんなふうに私が変わることができたのは、私の周りの人たちがいつも助けてくれたからです。困った話や相談事があればなんでも聞いてくれた補助員の方々、楽しい話をしてくれたり、悩みがあったら助けてくれる仲間たち。面白くて生徒思いで優しい先生方。そして、一番感謝したいのは、高尾山学園に連れてきてくれて、卒業式に立たせてくれたお母さんです。お母さんには感謝してもしきれません。お母さんのおかげで、私は変わることができました。信頼できる仲間もいます。この先も自分を大切に、友達を大切に生きていくことができます。

私たちは、今日この学園を旅立ちます。新しいステージに向かって胸を張って歩いていきます。学園での日々が教えてくれた「大切なもの」を胸に高尾山学園を巣立って行きます。みんなで心を込めて歌います。
合唱「大切なもの」
指揮、金子実玲さん
伴奏、黒田栞那さん
六年生のみなさんも一緒に歌いましょう。
卒業生代表　宮内勇騎

〈指導〉山田　祐子

家族だから

大阪府大阪健康福祉短期大学二回生
北口　楓香

私には母親が居なく、父親と祖母と暮らしています。そんなある日、父から大事な話があると言われました。話の内容は会社から東京の支社に行って欲しい、いわゆる転勤して欲しいとのことでした。私は正直嫌でした。家や学校のことはもちろん、父親と離れるのが一番嫌でした。でも、父親のことを考えて『行ってきていいよ』と返事をしました。三日後しかもLINEで。しかし、父からは『転勤を断ろうと思う』と伝えられました。私の返事が遅かったのも、祖母もどこか不安げだったのもあったそうです。断る時に、父は上司の方に伝えたそうです。『娘にとって僕が転勤するというのは一般的な家庭での母親が転勤するのと一緒なんです。僕はただの父親ではないんです。』この言葉を聞いた時、私が父に伝えたかった言葉はこの言葉だったなって思いました。また、父がそのことをきちんと理解してたことがとても嬉しかったです。

〈指導〉杉山　和正

作品をこう読んだ
〈中学生～青年〉日記・作文

【思いは直接】

作者は、結論を先に述べて、次に、そう思うようになった出来事を具体的に振り返って書いていますので、説得力がある文章になっています。

小学三年から五年にかけての友人関係について、その時々に一生懸命考えたこと、そして中学一年生になった現在、当時のことを振り返って思うことを述べています。自分の考えの変化をたどったり、相手の立場になって考えたり、また、先生に相談したり、当事者同士話し合ったり、本当によく考え、行動していることに驚かされます。繰り返し考えることで過去の出来事、経験に対する理解が深まり、人は成長していくのだと思います。作者は、そうしてたどり着いた結論をタイトルにしているので、タイトルにも共感しました。

【大切なもの】

この作文は、卒業生代表として中学校の卒業式で読まれたものなのですね。

作者は、小学校の時に不登校になってしまったのですね。その時のことを、学校は怖いところだ、自分は何をされても文句を言えない、このまま友だちもできず、十分な勉強もできないままに大人になってしまうのか、と不安であったことを書いています。どんなにつらかったことでしょう。

中学生になってお母さんの提案で、高尾山学園に転向したのですね。高尾山学園では、楽しくて安心して生活ができる、授業が分かりやすい、友だちが優しくて信頼できる、先生方や補助員の方が生徒思いで優しい。安心して学べるところに来ることができた作者は、自信を取り戻してたくさんのことに挑戦できるようになったのですね。演劇講座での活動や図書委員長としての委員会報告等、みんなの前で活動できる。以前の作者からは驚くほどに変身することができたのですね。素晴らしいです。

卒業式でみんなの前で自分の成長を具体的に語ることができたことを本当に喜びたいと思います。

【家族だから】

お父さんの転勤の話は、作者にとって大きな出来事です。でも、お父さんの立場を考えて、作者は、行ってきていいよ、と言ったのですね。お父さんは、作者のためらいや不安、また、祖母の不安が分かったので、転勤を断ろうと思う、と言ったのですね。家族がお互いを心配し、思いやっている気持ちがよく伝わってくる作文で、心を打たれました。短い作文だけれど、お互いの気持ちが深く通じ合えたことを喜ぶ作者の気持ちが伝わってきて心が温かくなります。

〈文責〉古宇田　栄子

詩　中学生～青年

思い描く世界と思い描く自分

長野県大鹿村立大鹿中学校　一年
與語　詩絵菜

私は架空のものが大好きだ
妖怪が好き
神様が好き
ドラゴンが好き
でもそんなものはいないから
私が生み出す
絵にかいて

私は想像するのが大好きだ
ねこが立ったら
木がしゃべったら
空を飛べたら
でもそんなことは起きないから
私が起こす
本にして
私は将来こんな人になりたい

『信濃子ども詩集』〈指導〉小島　利仁

勉強

高知県私立清和女子中学校　一年
秋山　泉

漢字が得意じゃない
図形が得意じゃない
科学も得意じゃない
地理も得意じゃない
それで、深く考えてしまう
それで、友達と自分とを比べてしまう

二学期
私は決めた
週に一回放課後勉強することを
先生に勇気を出して言った
「教えてください」
先生は、にこにこして言った
「いっしょに勉強しましょう」
毎週火曜日の放課後
先生は、私だけの先生
最初は
勉強はよく分からんと思っていたけど
今は、ちょっとずつ
分かるようになってきた
毎週火曜日の放課後
集中しやすくて、元気になる時間だ

『やまもも』

一人の出来事

中川　新太
長野県大鹿村立大鹿中学校　一年

もっと風がある所にいった
気持ちよく
学校で休み時間に風に吹かれていた
一人の自分が

いつのまにか
ベランダに出ていた
すると
水のつぶが飛んで来て
それがいっせいに
自分にかかった

誰かが花にやっている
水やりの水が
風に飛ばされ
自分にかかった
気持ちよかった
チャイムが鳴り
自分は
何事もなかったように
席に戻った

『信濃子ども詩集』〈指導〉小島　利仁

親愛なる校長先生へ

森田　歩
高知県須崎市立浦ノ内中学校　二年

校長先生は僕の推しです。
何か困ったことがあると、
僕に優しく教えてくれます。
卓球の練習をしていると、
「ボールは高く上げた方がいい。」や、
「ボールは十六センチ以上
　上げた方がいい。」
などと言われました。
その頃から僕は少しずつ
校長先生のことが好きになりました。
校長先生の良いところは誰に対しても
分け隔てなく接するところです。
生徒が分からない問題を考えてくれま
す。
とても優しい人だなと思いました。
そして、他の先生と
楽しそうに話していることです。
姿を見ると僕の方まで
心が温かくなりました。
校長先生には来年も残っていてほしい
です。

『やまもも』

そこにあるのに

太田　渚月
長野県根羽村立義務教育学校根羽学園　八年

家の近くに
コンビニがあり
スーパーがある
いつも誰かが歩いていて
いつも車が通っている
すばらしい世界

家の近くに
田畑があり
山がある
いつも川の音が聞こえて

いつも虫の声が聞こえる
すばらしい世界

近くに便利がある
近くに自然がある

身近すぎて　すばらしさを知らない
外から見れば　すばらしいのに

どっちの良さも知ってるから
どっちの良さも知ってほしい

私はどっちも大好きだ

〈指導〉下井　慈

通学路

村田　竣祐
高知県香美市立大栃中学校　三年

僕は中学校に
自転車で通学している
この三年間で変化があった
一年生のときは四人
二年生のときは三人
三年生では一人で通学
楽しく明るかった通学路も
かなりさみしくなった
これからこの道を通る人が
いなくなるかもしれない
だから物部に人が集まってほしい

『やまもも』

作品をこう読んだ 〈中学生～青年〉詩

【思い描く世界と思い描く自分】 人間には他の動物と違って想像力があります。でも、作者は想像するだけにとどまりません。存在しないものは絵にかくことで生み出し、現実には起こらないことは本にすることで起こす。その発想にハッとさせられるとともに、私がやってみせるんだという強い決意が伝わってきました。その思いを大切に持ち続けて、ぜひ実現してほしいです。

【勉強】「私も」「僕も」という共感の声が今にも聞こえてきそうです。勉強が得意ではない自分と友人とを比べてしまう作者。できない自分と向き合うことは苦しく、できれば逃げてしまいたくなります。でも、勇気を出して先生に教えてもらい、こつこつと勉強を続けていく姿が素晴らしいです。「先生は、私だけの先生」という表現からは、先生を独り占めしていることへの弾むような気持ちがうかがえます。

【一人の出来事】 いつもだったら友だちと一緒にすごしている休み時間。でも、今日は自分一人だけで時間をすごし、思いがけず風や水のつぶの気持ちよさを感じたのですね。その時の気持ちはきっと顔にも出ていたにちがいありません。でも、友だちに知られるのは少し照れくさいのでしょう。「何事もなかったように」席に戻り、自分だけの秘密にしておこうとしたのですね。こうして一人だけですごす休み時間もいいですね。

【親愛なる校長先生へ】 校長先生へのお手紙を読ませてもらっているようで温かい気持ちになりました。とても優しい素敵な校長先生なのですね。「推し」という言葉からは、自分だけではなくみんなにも好きになってほしいという気持ちが感じられます。校長先生にはぜひ卒業まで見届けてほしいですね。校長先生にとっては生徒のみなさんが「推し」であり、その成長を最後まで見届けたいと願っているはずです。

【そこにあるのに】 便利だけど自然が少なかったり、自然はあるけれど不便だったりしますが、その両方が身近にあることの素晴らしさに作者は気づいています。そして、あまりにも身近すぎると、そのよさがわからないことにも気づいたのですね。「そこにあるのに」というタイトルからはどうしてみんな気づかないのだろう、早く気づいてほしいという作者のもどかしい思いを読み取ることができます。詩全体に対句が使われており構成も巧みです。

【通学路】 一緒に通学する人がだんだん減っていき、最後は自分だけになってしまったときに感じたのは、ただの寂しさではなかったはずです。それは過疎化や少子化とつながっているものです。人がたくさんいるということは活気があり、みんなが元気になれます。最後の「だから物部に人が集まってほしい」という表現からは、これから何とかしていかないと、という作者の切実な思いが伝わってきました。

〈文責〉久保　有紀

2024年版「日本子ども文詩集」協力者・協力校名簿

（学校名は昨年度の勤務校です。）

北海道
札幌市立西園小学校　桐山　牧子
岩見沢市立栗沢小学校　松村　さくら
音更町立駒場小学校　稲船　暁允
森町立森小学校　住吉　陽子
コープさっぽろ石川文化教室　高津　知子

青森県
青森市立北小学校
弘前市立致遠小学校
　小沢小学校
　相馬小学校
　松原小学校
　豊田小学校
　松原小学校
　城東小学校
　大和沢小学校
　北小学校
　高杉小学校
　福村小学校

五所川原市立三好小学校　木村　洋子

宮城県
仙台市立鹿野小学校　千葉　早苗

福島県
いわき市立磐崎小学校　渋谷　俊克

茨城県
取手市立六郷小学校　霜田　弘美

千葉県
千葉市立松ケ丘小学校　近藤　孝

埼玉県
所沢市立宮前小学校　窪田　渚
狭山市立狭山台小学校　茗荷　麻有佳

東京都
足立区立伊興小学校　浅香　詠未
豊島区立目白小学校　南　有紀
　富士見台小学校　伊藤　麻世
板橋区立蓮根第二小学校　山口　佳子
　長岡　凌央
　志村第三小学校　大森　芳樹
港区立青山小学校　山根　大幹
八王子市立七国小学校　吉井　裕美
　高尾山学園　山田　祐子
町田市立南大谷小学校　植木　美貴
　山崎小学校　森　恵
　藤の台小学校　飯田　晶子
　杉野　千陽
　上條　泰
　鶴川第一小学校　永嶋　綾
　鶴川第二小学校　坂田　桃子
　小山中央小学校　大沼　晃也
　忠生第三小学校　佐藤　歩
　鶴間小学校　森　雅代
　七国山小学校　坂本　理恵
　森久　謙二郎
　木曽境川小　新井　崇矩
日の出町立大久野小学校　山﨑　匠
　金田一　清子
私立成城学園小学校　角田　雄史
私立国立音楽大学附属小学校　齊藤　和美
私立桐朋小学校　武藤　あゆみ

神奈川県
私立湘南学園小学校　山田　涼子

長野県
上田市立西小学校　中野　由紀子
佐久市立高瀬小学校　山岸　東志子
阿南町立大下条小学校　伊藤　里江
飯田市立千代小学校　坂下　力
大鹿村立大鹿中学校　小島　利仁
根羽村立義務教育学校根羽学園　下井　慈
飯山市常盤小学校　永原　身咲
長野市立吉田小学校　伯耆原　純子
小海町立小海小学校　中島　めぐみ

愛知県
幸田町立幸田小学校
深溝小学校
豊坂小学校

大阪府
貝塚市立二色小学校　神﨑　拓也
枚方市立樟葉南小学校　若松　栞奈
大阪健康福祉短期大学　杉山　和正

奈良県
奈良教育大学付属小学校　入澤　佳菜
加川　陽子
生駒市立あすか野小学校　緒方　甲

鳥取県
大山町立大山西小学校　國谷　奈央

高知県
土佐市立高岡第一小学校　小濵　みほ
四万十市立下田小学校
西土佐小学校
東中筋小学校
黒潮町立拳の川小学校
須崎市立安和小学校
浦ノ内中学校
安芸市立穴内小学校
宿毛市立山奈小学校
橋上小学校
いの町立枝川小学校
土佐市立高岡第二小学校
高知市立朝倉小学校
潮江東小学校
私立清和女子中学校
香美市立大栃中学校

長崎県
南島原市深江小学校諏訪分校　一ノ瀬　すが

鹿児島県
鹿屋市立笠野原小学校　的場　保博

◆作品の最後に文詩集名が入っているのは次のものです。
『ひろさき』
青森県弘前市国語教育研究会編
『わかふじ』
神奈川県藤沢市小学校教育研究会国語部編
『ひろば』
愛知県安城市教育研究会国語部編
『村の子』
愛知県幸田町教育研究会編
『やまもも』
高知県児童詩研究会編
◆協力をいただいた地域詩集
『信濃子ども詩集』
長野県作文教育協議会編
『町田の子』
東京都町田市教育研究会国語部編

子どもたちのかざらない表現を、教室で読み合い、感想を交流してください

――第六十四集の編集を終えて――

今年も「日本子ども文詩集」を発行することができました。作品や詩集・文集を寄せてくださった全国のみなさん、ありがとうございます。さまざまな困難がある中でも、子どもたちが作文や日記を綴り、詩を表現し続けたことは、ひとえに地域や家庭、現場の先生方の励ましや支えによるものです。

今年は、「今を生きる子どもたち」を特集のテーマとして次の3本の柱を立て、広く今の時代の子どもたちの興味関心、生活の楽しみ、未来への意見や不安を綴った作品を載せました。

＊これが好き・楽しみ…「『summer dream』私のゆめ」（四年生日記作文）など

＊生きているっていいね…「リモートじゅ業」（四年生詩）など

＊明日に向かって…「戦争のない世界」（六年生日記作文）など

学年別の作品でも、今を生きる子どもたちの飾らない表現が並んでいます。

小学校一年生では、「てつぼう」（詩）。さかあがりの見本をした先生のズボンがビリッとやぶけ、「先生もうまくいかないことあるんだよ～。」と正直に言う先生に、鉄棒が少し苦手な作者がほほえみ、「たのしいたいいくになりました。」と結んでいます。時には弱みも見せる先生の人間としてのあたたかみが教育の原点だと思わせる詩です。

二年生では、「あたまに字がはいんない」（詩）で、なかなか漢字がうまく書けない悩みを率直に表現しました。似たような困難を抱えて教室に通っている子どもがいるでしょう。詩は、楽しいこと面白いことだけではなく、このような感情を表現することで自分と向き合うことができると教えられます。

三年生の「「お父さんがいない日々」（日記・作文）も印象的でした。お父さんが鹿児島から千葉に転勤することになり、空港での別れもつらい描写です。お父さんの居なくなった日々の生活も書き、さびしさに耐えていますが、たまに帰ってきてくれた時の喜びが身にしみます。現代の働き方を反映したこのような作品を書き、読み合うことは大事な営みだと思いました。

高学年になってくると、「カマキリの飼育」（四年生日記作文）や「四年目をむかえたカブトムシのし育」（同）のように、自

分が興味を持ったことを徹底して取り組み、それを文章化する眼と力が養われてくることが分かります。

五年生の詩「にじ」では、ふと出会った虹と結婚式の二つの場面から想像を拡げていく豊かな感性が詩的に表現されていて、読み手の気持ちも温かくなります。

「思い出のりんご畑」（六年生日記・作文）は、祖父とのリンゴを通してのつながりの豊かさを描き、その祖父の急逝で心に大きな穴があき、元気を失っていた作者が、ふたたび祖父の言葉を思い出し前を向いて生きていこうとする作文です。青森県岩木という地域のリンゴ農家の生活を土台に育っていく力強い文章です。

六年生の詩でとくに心に残ったのが「最大の危機」です。男女の別で中学校の制服が決められていることに強烈な違和感を持ち「最大の危機」と表現した作者ですが、この作品には後日談がありました。中学の入学説明会に親子で参加し、その後で校長室に行って「スカートではなくスラックスで。」と話したところ、校長先生から、「それでかまいません。」と言われホッとしたそうです。

今年も、中学生や大学生の文章を掲載することができました。中学生の日記・作文の「大切なもの」は、卒業式で読まれた作文です。この学校は、不登校の子どもたちが通う学校で、それまで学校への不信感や無力感を抱いていた作者が、先生や友だちとのふれあいの中で自信を持って歩み出す「宣言」として多くの参列者、児童生徒の前で朗読されたものです。

日本作文の会では、子ども青年が、自らの生活を見つめて文章や詩で表現することを大切にしてきました。そして、そのような作品を集めた「日本子ども文詩集」を半世紀をこえて毎年発行し続けてきました。編集委員会では、この文詩集を、優秀作品の文集とするのではなく、その時に書かれた各年代の子どもたちの表現の記録・教材として作品を選んで編集にあたってきました。ぜひ、教室で読み合い、感想を交流していただければ幸いです。

この六十四集の編集にあたり、日記・作文・詩を提供してくださった児童生徒学生のみなさん、指導者の皆さんに厚く御礼申し上げます。表紙絵・挿絵・写真にも協力いただいた皆様にも感謝申し上げます。

二〇二三年十一月

日本作文の会『日本子ども文詩集』編集委員会

〈文責〉小柳　光雄

第73回　全日本文集交流のお知らせ

２０２３年度に発行された文集・詩集や学級通信などを送ってください。１冊ごとに常任委員・専門委員が読み、お礼と励ましの手紙を書いてお送りします。また、夏の全国大会の会場で『全日本文集交流展』として展示します。立派な製本である必要はありません。ファイル綴じでも結構です。お気軽に送って下さい。

応募要項

■対象　①2023年度に発行された文集・詩集、学級通信など。②単行本として刊行されたものも含む。
■**締切日：2024年5月31日　　応募作品を読み、お返事を書く「文集節」は6月8日です。**
　期日に間に合わない場合でも、ぜひ送ってください。送付の際は、下記応募票に必要事項を記入し、表紙の右上に貼ってください。
■**事務所に不在の場合が多いので、受領印が必要ない形式（郵便の「レターパック・ライト」等）で送ってください。**
■4月に異動が予定されている場合は、余白に新しい学校名も書いてください。

▽送り先　〒113－0033　東京都文京区本郷１－20－6　島村ビル３Ｆ
日本作文の会　文集交流係宛

…………………………………………キリトリセン…………………………………………

第73回全日本文集交流　応募票

種別（A・Bそれぞれに○）		文詩集名			
A	B	学校名	立　　　　学校	学年	
学級 学年 複式 学校 支援 養護 個人 地域 機関誌 その他	文集 詩集 文詩集 通信 研究 実践記録 その他	学校住所	〒（　　　　）　都道府県名（　　　　） TEL　　　　FAX		
		応募者名			
		自宅住所（自宅への返却希望のみ記入）	〒（　　　　）　都道府県名（　　　　） TEL　　　　FAX		

2024年1月号予告

次号一月号の特集は「２０２３宮城大会」です。宮城大会の記念講演、分科会、講座からピックアップして、その模様をお伝えします。開催地宮城をはじめとした東北からの実践報告など、全国大会ならではの充実した内容にご期待下さい。

『作文と教育』12月特別号（No.908）

2023年版　日本子ども文詩集〈創刊64集〉

2023年11月25日　初版第1刷

編集・発行　日本作文の会

発売　株式会社 新読書社

〒113-0033 東京都文京区本郷5-30-20

TEL：03-3814-6791　FAX：03-3814-3097

E-mail：info@shindokusho.jp

URL：http://shindokusho.j

DTP　木椋 隆夫

印刷・製本　株式会社 プリントパック